智能制造系列教材

生产系统建模与仿真

MODELING AND SIMULATION OF PRODUCTION SYSTEM

朱海平　编著

清華大学出版社

北京

图书在版编目（CIP）数据

生产系统建模与仿真/朱海平编著.—北京：清华大学出版社，2022.10（2025.1重印）
智能制造系列教材
ISBN 978-7-302-61732-7

Ⅰ.①生…　Ⅱ.①朱…　Ⅲ.①生产管理－系统建模－教材 ②生产管理－系统仿真－教材　Ⅳ.①F273-39

中国版本图书馆 CIP 数据核字（2022）第 157352 号

责任编辑：刘　杨
封面设计：李召霞
责任校对：赵丽敏
责任印制：曹婉颖

出版发行：清华大学出版社
　　　　网　　　址：https://www.tup.com.cn,https://www.wqxuetang.com
　　　　地　　　址：北京清华大学学研大厦 A 座　　　邮　　编：100084
　　　　社 总 机：010-83470000　　　　邮　　购：010-62786544
　　　　投稿与读者服务：010-62776969，c-service@tup.tsinghua.edu.cn
　　　　质量反馈：010-62772015，zhiliang@tup.tsinghua.edu.cn
印 装 者：大厂回族自治县彩虹印刷有限公司
经　　销：全国新华书店
开　　本：170mm×240mm　　　**印　张：**9.5　　　**字　　数：**190 千字
版　　次：2022 年 10 月第 1 版　　　**印　　次：**2025 年 1 月第 2 次印刷
定　　价：32.00 元

产品编号：096812-01

智能制造系列教材编审委员会

主任委员

李培根　雒建斌

副主任委员

吴玉厚　吴　波　赵海燕

编审委员会委员（按姓氏首字母排列）

陈雪峰	邓朝晖	董大伟	高　亮
葛文庆	巩亚东	胡继云	黄洪钟
刘德顺	刘志峰	罗学科	史金飞
唐水源	王成勇	轩福贞	尹周平
袁军堂	张　洁	张智海	赵德宏
郑清春	庄红权		

秘书

刘　杨

多年前人们就感叹,人类已进入互联网时代;近些年人们又惊叹,社会步入物联网时代。牛津大学教授舍恩伯格(Viktor Mayer-Schönberger)心目中大数据时代最大的转变,就是放弃对因果关系的渴求,转而关注相关关系。人工智能则像一个幽灵徘徊在各个领域,兴奋、疑惑、不安等情绪分别蔓延在不同的业界人士中间。今天,5G的出现使得作为整个社会神经系统的互联网和物联网更加敏捷,使得宛如社会血液的数据更富有生命力,自然也使得人工智能未来能在某些局部领域扮演超级脑力的作用。于是,人们惊呼数字经济的来临,憧憬智慧城市、智慧社会的到来,人们还想象着虚拟世界与现实世界、数字世界与物理世界的融合。这真是一个令人咋舌的时代!

但如果真以为未来经济就"数字"了,以为传统工业就"夕阳"了,那可以说我们就真正迷失在"数字"里了。人类的生命及其社会活动更多地依赖物质需求,除非未来人类生命形态真的变成"数字生命"了,不用说维系生命的食物之类的物质,就连"互联""数据""智能"等这些满足人类高级需求的功能也得依赖物理装备。所以,人类最基本的活动便是把物质变成有用的东西——制造!无论是互联网、物联网、大数据、人工智能,还是数字经济、数字社会,都应该落脚在制造上,而且制造是其应用的最大领域。

前些年,我国把智能制造作为制造强国战略的主攻方向,即便从世界上看,也是有先见之明的。在强国战略的推动下,少数推行智能制造的企业取得了明显效益,更多企业对智能制造的需求日盛。在这样的背景下,很多学校成立了智能制造等新专业(其中有教育部的推动作用)。尽管一窝蜂地开办智能制造专业未必是一个好现象,但智能制造的相关教材对于高等院校与制造关联的专业(如机械、材料、能源动力、工业工程、计算机、控制、管理……)都是刚性需求,只是侧重点不一。

教育部高等学校机械类专业教学指导委员会(以下简称"教指委")不失时机地发起编著这套智能制造系列教材。在教指委的推动和清华大学出版社的组织下,系列教材编委会认真思考,在2020年新型冠状病毒肺炎疫情正盛之时即视频讨论,其后教材的编写和出版工作有序进行。

本系列教材的基本思想是为智能制造专业以及与制造相关的专业提供有关智能制造的学习教材,当然也可以作为企业相关的工程师和管理人员学习和培训之用。系列教材包括主干教材和模块单元教材,可满足智能制造相关专业的基础课和专业课的需求。

主干课程教材,即《智能制造概论》《智能装备基础》《工业互联网基础》《数据技术基础》《制造智能技术基础》,可以使学生或工程师对智能制造有基本的认识。其中,《智能制造概论》教材给读者一个智能制造的概貌,不仅概述智能制造系统的构成,而且还详细介绍智能制造的理念、意识和思维,有利于读者领悟智能制造的真谛。其他几本教材分别论及智能制造系统的"躯干""神经""血液""大脑"。对于智能制造专业的学生而言,应该尽可能必修主干课程。如此配置的主干课程教材应该是此系列教材的特点之一。

特点之二在于配合"微课程"而设计的模块单元教材。智能制造的知识体系极为庞杂,几乎所有的数字-智能技术和制造领域的新技术都和智能制造有关。不仅涉及人工智能、大数据、物联网、5G、VR/AR、机器人、增材制造(3D打印)等热门技术,而且像区块链、边缘计算、知识工程、数字孪生等前沿技术都有相应的模块单元介绍。这套系列教材中的模块单元差不多成了智能制造的知识百科。学校可以基于模块单元教材开出微课程(1学分),供学生选修。

特点之三在于模块单元教材可以根据各个学校或者专业的需要拼合成不同的课程教材,列举如下。

♯课程例1——"智能产品开发"(3学分),内容选自模块:

➤ 优化设计

➤ 智能工艺设计

➤ 绿色设计

➤ 可重用设计

➤ 多领域物理建模

➤ 知识工程

➤ 群体智能

➤ 工业互联网平台(协同设计,用户体验……)

♯课程例2——"服务制造"(3学分),内容选自模块:

➤ 传感与测量技术

➤ 工业物联网

➤ 移动通信

➤ 大数据基础

➤ 工业互联网平台

➤ 智能运维与健康管理

♯课程例3——"智能车间与工厂"(3学分),内容选自模块:

➤ 智能工艺设计

➤ 智能装配工艺

> ➢ 传感与测量技术
> ➢ 智能数控
> ➢ 工业机器人
> ➢ 协作机器人
> ➢ 智能调度
> ➢ 制造执行系统(MES)
> ➢ 制造质量控制

总之,模块单元教材可以组成诸多可能的课程教材,还有如"机器人及智能制造应用""大批量定制生产"等。

此外,编委会还强调应突出知识的节点及其关联,这也是此系列教材的特点。关联不仅体现在某一课程的知识节点之间,也表现在不同课程的知识节点之间。这对于读者掌握知识要点且从整体联系上把握智能制造无疑是非常重要的。

此系列教材的编著者多为中青年教授,教材内容体现了他们对前沿技术的敏感和在一线的研发实践的经验。无论在与部分作者交流讨论的过程中,还是通过对部分文稿的浏览,笔者都感受到他们较好的理论功底和工程能力。感谢他们对这套系列教材的贡献。

衷心感谢机械教指委和清华大学出版社对此系列教材编写工作的组织和指导。感谢庄红权先生和张秋玲女士,他们卓越的组织能力、在教材出版方面的经验、对智能制造的敏锐是这套系列教材得以顺利出版的最重要因素。

希望这套教材在庞大的中国制造业推进智能制造的过程中能够发挥"系列"的作用!

2021 年 1 月

制造业是立国之本,是打造国家竞争能力和竞争优势的主要支撑,历来受到各国政府的高度重视。而新一代人工智能与先进制造深度融合形成的智能制造技术,正在成为新一轮工业革命的核心驱动力。为抢占国际竞争的制高点,在全球产业链和价值链中占据有利位置,世界各国纷纷将智能制造的发展上升为国家战略,全球新一轮工业升级和竞争就此拉开序幕。

近年来,美国、德国、日本等制造强国纷纷提出新的国家制造业发展计划。无论是美国的"工业互联网"、德国的"工业 4.0",还是日本的"智能制造系统",都是根据各自国情为本国工业制定的系统性规划。作为世界制造大国,我国也把智能制造作为制造强国战略的主改方向,于 2015 年提出了《中国制造 2025》,这是全面推进实施制造强国建设的引领性文件,也是中国建设制造强国的第一个十年行动纲领。推进建设制造强国,加快发展先进制造业,促进产业迈向全球价值链中高端,培育若干世界级先进制造业集群,已经成为全国上下的广泛共识。可以预见,随着智能制造在全球范围内的孕育兴起,全球产业分工格局将受到新的洗礼和重塑,中国制造业也将迎来千载难逢的历史性机遇。

无论是开拓智能制造领域的科技创新,还是推动智能制造产业的持续发展,都需要高素质人才作为保障,创新人才是支撑智能制造技术发展的第一资源。高等工程教育如何在这场技术变革乃至工业革命中履行新的使命和担当,为我国制造企业转型升级培养一大批高素质专门人才,是摆在我们面前的一项重大任务和课题。我们高兴地看到,我国智能制造工程人才培养日益受到高度重视,各高校都纷纷把智能制造工程教育作为制造工程乃至机械工程教育创新发展的突破口,全面更新教育教学观念,深化知识体系和教学内容改革,推动教学方法创新,我国智能制造工程教育正在步入一个新的发展时期。

当今世界正处于以数字化、网络化、智能化为主要特征的第四次工业革命的起点,正面临百年未有之大变局。工程教育需要适应科技、产业和社会快速发展的步伐,需要有新的思维、理解和变革。新一代智能技术的发展和全球产业分工合作的新变化,必将影响几乎所有学科领域的研究工作、技术解决方案和模式创新。人工智能与学科专业的深度融合、跨学科网络以及合作模式的扁平化,甚至可能会消除某些工程领域学科专业的划分。科学、技术、经济和社会文化的深度交融,使人们可以充分使用便捷的软件、工具、设备和系统，彻底改变或颠覆设计、制造、销售、服务和消费方式。因此，工程教育特别是机械工程教育应当更加具有前瞻性、创新性、开放性和多样性，应当更加注重与世界、社会和产业的联系，为服务我国新的"两步走"宏伟愿景作出更大贡献，为实现联合国可持续发展目标发挥关键性引领作用。

需要指出的是，关于智能制造工程人才培养模式和知识体系，社会和学界存在多种看法，许多高校都在进行积极探索，最终的共识将会在改革实践中逐步形成。我们认为，智能制造的主体是制造，赋能是靠智能，要借助数字化、网络化和智能化的力量，通过制造这一载体把物质转化成具有特定形态的产品（或服务），关键在于智能技术与制造技术的深度融合。正如李培根院士在本系列教材总序中所强调的，对于智能制造而言，"无论是互联网、物联网、大数据、人工智能，还是数字经济、数字社会，都应该落脚在制造上"。

经过前期大量的准备工作，经李培根院士倡议，教育部高等学校机械类专业教学指导委员会（以下简称"教指委"）课程建设与师资培训工作组联合清华大学出版社，策划和组织了这套面向智能制造工程教育及其他相关领域人才培养的本科教材。由李培根院士和雒建斌院士为主任、部分教指委委员及主干教材主编为委员，组成了智能制造系列教材编审委员会，协同推进系列教材的编写。

考虑到智能制造技术的特点、学科专业特色以及不同类别高校的培养需求，本套教材开创性地构建了一个"柔性"培养框架：在顶层架构上，采用"主干课教材＋专业模块教材"的方式，既强调了智能制造工程人才培养必须掌握的核心内容（以主干课教材的形式呈现），又给不同高校最大程度的灵活选用空间（不同模块教材可以组合）；在内容安排上，注重培养学生有关智能制造的理念、能力和思维方式，不局限于技术细节的讲述和理论知识推导；在出版形式上，采用"纸质内容＋数字内容"相融合的方式，"数字内容"通过纸质图书中镶嵌的二维码予以链接，扩充和强化同纸质图书中的内容呼应，给读者提供更多的知识和选择。同时，在教指委课程建设与师资培训工作组的指导下，开展了新工科研究与实践项目的具体实施，梳理了智能制造方向的知识体系和课程设计，作为整套系列教材规划设计的基础，供相关院校参考使用。

这套教材凝聚了李培根院士、雒建斌院士以及所有作者的心血和智慧，是我国智能制造工程本科教育知识体系的一次系统梳理和全面总结，我谨代表教育部机械类专业教学指导委员会向他们致以崇高的敬意！

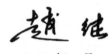

2021 年 3 月

　　智能工厂概念方兴未艾,智能工厂建设如火如荼。智能工厂始于科学的规划设计,该阶段的任务包括设施布局设计、物流设计、资源配置、运行参数设计等。生产系统建模与仿真是智能工厂的重要使能技术,其目的在于:建立系统级仿真模型,通过模拟、验证、优化等手段,实现低成本、快速、科学的工厂设计,当产品、工艺或物流发生变化时,在物理工厂调整之前,针对虚拟工厂先进行重构分析,从而找到最佳改善方案,持续保障工厂效能。如果将工厂视为一个"产品",生产系统仿真(production system simulation, PSS)和计算机辅助工程(computer aided engineering, CAE)具有类似的作用,其目的是基于虚拟环境进行定量分析与优化,从而让未来的物理"产品"性能更佳。因此,新一代智能制造人才有必要全面理解和掌握生产系统建模与仿真这一基本技术,并能在智能工厂实践中灵活运用。

　　大多数生产系统是结构和行为异常复杂的离散事件系统,其基本的建模和仿真方法已形成了较为成熟的理论。这个专业领域现有的教材大致可分为两类:一类教材偏重理论,对于离散事件仿真方法、概率论和随机过程等基础知识介绍较多,但较少提及仿真引擎的实现原理、分析方法和工程应用;另一类教材偏重应用,但主要是介绍国外仿真软件的使用。目前,还没有一本教材能够围绕智能工厂的性能分析需求,以国产仿真软件为对象,详细讲解生产系统仿真建模、仿真引擎、仿真分析和仿真优化方法,这也是作者撰写本书的动机。

　　本书作者一直从事智能工厂与数字化车间相关技术的研究,并对标国外先进软件,自主研发了一套生产系统建模与仿真软件——FactorySimulation。在该软件的研发与应用过程中,作者对于生产系统建模与仿真的基本原理和实现技术有了较为透彻的理解,这些经验也将在本书中进行介绍。

　　本书共分为5章,各章内容如下:

　　第1章为生产系统建模与仿真概述。介绍了生产系统的基本概念,概述了虚拟建模与仿真的基本目标、相关理论技术和软件产品,并总结了生产系统建模与仿真的基本过程。

　　第2章为生产系统仿真建模。提出了生产系统仿真模型的三个子模型:对象模型、数据模型和活动模型,然后针对这三个子模型的建立过程进行了详细阐述。

　　第3章为生产系统仿真引擎。从仿真软件的实现角度出发,介绍了生产系统仿真引擎的基本实现框架,阐述了离散事件基础仿真引擎的实现原理,并讨论了仿真动画和数据显示引擎、脚本解析执行引擎两项关键支持技术。

第4章为生产系统仿真分析与优化。提出了生产系统仿真分析与优化的基本任务,从生产系统性能评估分析、基于仿真实验的系统参数优化、与算法相结合的仿真优化三个方面详细介绍了生产系统仿真分析与优化的实现过程。

第5章为生产系统建模与仿真软件。以自主研发的FactorySimulation仿真软件为对象,综合介绍了仿真软件的功能和具体应用过程。

本书中FactorySimulation软件的研发过程得到了国防领域工业软件项目和湖北省科技重大专项(2021AAB001)的经费支持,以及"国家智能设计与数控技术创新中心"平台的支持,在此表示衷心感谢;另外,感谢关辉工程师、甄国辉和沈冽政等研究生在本书撰写过程中提供的协助。

由于作者水平有限,书中难免有一些错误或不当之处,恳请广大读者批评指正。

作　者

2022 年 4 月

目录

CONTENTS

第1章

生产系统建模与仿真概述

制造业正在朝产品个性化、生产柔性化、过程自动化的方向转变,现代制造工厂的内部结构和运行逻辑也越来越复杂,如何科学地进行工厂设计、定量分析工厂性能(包括效率、质量、交期和成本等指标),并持续优化工厂运行,是智能工厂(smart factory)实施的重要内容。现如今,虚拟建模与仿真技术作为智能工厂重要的使能技术,已广泛应用于生产系统的性能评估分析过程中,与纯数学分析方法相比,它不仅能将各种复杂的生产与物流活动、调度与控制逻辑转换为直观的模型描述,还能够充分考虑系统内外的随机因素影响;不仅能够建立静态模型,还可以模拟其动态行为。通过多次仿真实验运行,得到大量数据,基于对仿真数据全面而深入的分析,有助于科学确定生产系统设计参数,准确预测系统性能,从而制定更优的生产策略。

本章介绍了生产系统的基本概念,概述了虚拟建模与仿真的基本目标、相关理论知识和软件产品,并总结了生产系统建模与仿真的基本过程。

1.1　生产系统概述

1.1.1　系统

系统(system)是由若干部分相互联系、相互作用,形成的具有某些功能的整体。根据系统状态变化的时间连续性与否,可将系统分为连续系统(continuous system)和离散系统(discrete system)。其中,离散系统是指全部或关键组成部分的变量具有离散信号形式,状态在时间的离散点发生突变的系统。

描述系统的基本要素包括对象(object)、属性(property)、活动(activity)、输入输出(input/output,I/O)。"对象"又称为"实体"(entity),它确定了系统的构成和边界,可区分为临时对象与永久对象,在系统中只存在一段时间的对象叫作临时对象,比如顾客、工件、工人等,它们一般是流动的,永久驻留在系统中的对象则叫作永久对象,比如服务台、设备等,它们一般是静止的。"属性"描述了每个对象的基本特征。"活动"定义了对象之间的相互作用,从而确定了系统状态随时间发生变化的过程。"输入输出"描述了系统与外部环境的物质和信息交互。

现实世界有大量的系统,比如银行、医院、工厂、物流中心,稍加分析,就可以确定出这些系统的基本要素。以银行服务系统为例:对象包括顾客、服务台和银行工作人员;顾客的属性包括到达时间、是否为 VIP、服务类型等,服务台的属性包括类型、服务时段等,银行工作人员的属性包括人员编号、所在服务台、处理任务时长等;活动包括顾客存取款活动、业务咨询活动、理财活动等;输入信息包括顾客的到达规律、顾客的类型分布等,输出信息包括资金变化、服务效率等。

1.1.2　离散事件系统

在生产活动和社会活动中,经常会遇到一类特殊的系统,这类系统中有许多事件时而出现、时而消失、时而动作、时而停止,而启动和停止都发生在一些离散的时刻,并带有一定的随机性。例如,港口中的船舶停靠码头、生产线上机床的启停、电话的接通和断开、计算机系统中某项作业的进行和退出等,这类系统统一称为离散事件系统(discrete event system,DES)。它属于离散系统大类,是由离散触发事件驱动状态演化的动态系统,其状态变量只在某个离散时间点上发生变化,有时也称为离散事件动态系统(discrete event dynamic system,DEDS)。

离散事件系统的基本特性如下:

(1) 时间离散性。时间本身虽然是连续的,但系统状态只在离散时刻点发生变化,未发生状态变化的时刻一般不需要关心,因此可将时间离散化成一连串间隔不等的时刻点。

(2) 不确定性。事件何时发生通常是不确定的,比如订单到达、设备故障、质量异常等,各种偶然因素导致了这些事件发生时间的随机性,一般通过随机变量来模拟不确定性。

(3) 动态性。事件的发生、状态变化、活动触发都是动态的。

(4) 层次性。体现为空间跨度、时间跨度、组织结构的层次性。

(5) 计算复杂性。由于组成对象数目大,事件状态多,常有"组合爆炸"的危险,给分析计算带来了很大困难。

常见的离散事件系统包括排队系统、库存系统、加工系统、装配系统、项目系统、物流系统等,这些单元性的离散事件系统在各种书籍中都有详细介绍,读者可自行查阅。

1.1.3　生产系统

生产系统示例

生产系统(production system)是一种组合性的复杂系统,通常由若干个排队系统、库存系统、加工系统、装配系统、项目系统、物流系统等组合而成,通过它来完成产品的生产与物流作业,实现产品制造。生产系统有不同的层级范围,制造单元、生产线、车间、工厂、供应链就是从低到高的层级。生产系统的层级越高,其内部结构和活动逻辑也越复杂。

生产系统的基本构成要素包括:

(1) 生产与物流设施对象,包括设备、加工/装配/拆卸/检测站、机器人、缓冲区/仓库、传送线、小车系统、天车系统、工人调配系统、资源运输系统等;

(2) 工件对象,包括零件毛坯、在制零部件、配套零部件、产成品等;

(3) 资源对象,包括物流车辆、托盘、工具、工人等;

(4) 数据,包括布局数据、工艺数据、订单数据、物流数据、资源数据、工作日历数据等;

(5) 活动,包括加工、装配、质量检测等工艺执行活动,生产计划与调度活动,物料请求、调度、出入库、运输、上下料等物流活动,资源请求与调度活动,故障与维修活动,质量异常处置活动等;

(6) 输入输出信息,包括生产计划、生产过程记录、生产绩效等。

生产系统的类型多样,既有离散系统,也有连续系统或离散-连续混合系统。比如,汽车、电子、家电、航空、航天、船舶、制造装备、工程机械的生产系统均为离散系统,石油化工、钢铁的生产系统属于连续系统,而锂电池的生产系统属于离散-连续混合系统。

本书主要介绍离散型生产系统,它本质上就是一类离散事件系统。

1.2　系统建模与仿真的基本概念

1.2.1　模型与仿真

在工程领域,为了理解和分析的需要,将所研究的物理系统进行一定的简化,并用适当的表现形式或规则来描述其主要特征,所得到的模仿品称为模型(model)。模型的类型非常多,典型的有:

(1) 物理模型,比如一辆实验用的物理样车;

(2) 数学模型,比如故障诊断模型、生产计划调度模型、生产性能预测模型;

(3) 图形化模型,比如框架图、流程图;

(4) 仿真模型,比如产品设计有限元分析模型、生产系统仿真模型。

模型的建立过程称为建模(modeling)。系统建模的目的在于:

(1) 更直观地描述所研究的系统;

(2) 方便进行计算,从而定量分析系统的性能指标;

(3) 实现系统的模拟运行,进行仿真实验,分析不足,优化系统设计。

客观来讲,任何模型都无法完全模拟实际的系统,为了保证模型能够建立出来,并且建模代价(时间、费用等)可接受,在建模过程中,需要进行简化或抽象,具体措施包括：

(1) 引入各种假设，比如在设备故障建模时，假设故障失效时间服从威布尔分布；

(2) 忽略次要因素，比如在生产建模时，不考虑工艺路线的临时调整；

(3) 分层次、分视图、分尺度建模，在进行高层级分析时，简化低层级的内部结构，在进行 A 视图分析时，简化 B 视图的影响，在大的时间尺度观察系统时，忽略小时间尺度范围内的细节变化。

仿真(simulation)是对现实世界的过程或系统进行时间允许的模拟，产生并观测系统的人造历史记录，从而推断出实际系统的运行特性，再通过计算机上运行的建模工具，采用适当的仿真语言或程序，将现实系统转变为仿真模型。关于不同控制策略或设计变量对系统的影响，或是系统受到某些扰动后可能产生的影响，最好是用系统本身进行实验，但许多时候这是不可行的，原因有多方面。例如，实验费用非常高；系统本身不稳定，实验可能破坏系统的平衡，造成危险；系统的时间常数很大，实验需要很长时间；待设计的系统尚不存在等。在这样的情况下，建立系统的仿真模型是必然的选择。

对于离散事件系统而言，数学建模和仿真建模是两种常见的建模方式，它们可以对系统的性能进行定量分析和优化，计算或解析方法的求解效率高，但其数学模型一般需要进行高度抽象与简化，仅能分析单元子系统，对于复杂的系统几乎无能为力。仿真方法更适用于复杂系统的模拟分析，受结构复杂性的影响较小，仿真过程不仅可以进行验证分析，还可以与各种优化算法相结合，实现仿真优化，获得最佳的参数设计、资源分配策略和调度策略。

1.2.2　离散事件系统仿真

在计算机环境中，采用基于离散事件系统的仿真模型模拟其运行过程，称为离散事件系统仿真(discrete event system simulation，DESS)。其过程如下：在离散时间点模拟事件发生，改变系统的状态，触发对象的活动，该活动持续一段随机时间后结束，结束后模拟产生新事件，再次改变系统状态，并触发新活动，如此反复，直到仿真结束。

离散事件系统仿真的关键在于事件的模拟、对象活动开始与结束的模拟，以及对象状态变迁的模拟。下面介绍状态、事件、活动三个基本概念。

1. 状态

状态(status)是系统中对象的重要属性。相较于对象的其他属性，状态具有两个基本特征：一是"动态变化"，即在不同的时刻点，状态的取值可以不同。以设备对象为例，设备的名称、尺寸、位置是静态属性，一般不能称为状态，而设备是否在工作、在制工件编号、加工参数、已完工件数量等则是状态属性。二是"多层次性"，系统的多层次性也导致状态的多层次，在不同层次观测一个系统，其状态变量是不同的。比如一条生产线,如果将其视为一个整体,则状态变量包括在制品总量、生产线工作或停线等;如果将其细分为各个工位,则每个工位的状态变量又包括工作或停机、在制工件编号、开始加工时间等。因此,一段时间内,如果从高层次来观测,系统的状态可能静止未变,但从低层次来观测,系统的状态已发生了很多变化。

2. 事件

事件(event)是指引起系统状态发生变化的行为或事情。生产系统中常见的事件包括工件创建、工件进入、任务安排、开始加工、完工、工件离开、开始服务、结束服务、发生故障、故障修复、计划停机、停机重启等。事件具有时间标签,并且事件的发生都是有条件的,最基本的条件是时间条件,即只有在某时刻及之后才能发生,还可以定义更为复杂的发生条件。此外,物理系统中的事件一般不能精确确定何时会发生,比如设备故障事件、工件完工事件等。

3. 活动

如 1.1.1 节所述,活动(activity)是描述系统的基本要素。广义活动确定了系统内部发生变化的过程,比如生产活动、物流活动等。离散事件系统中的狭义活动一般是指同一对象的两个相邻事件之间的过程,比如设备的加工作业、工人的物料搬运作业、机器人的上下料作业等。在这段过程中,该对象无新事件发生,状态保持不变。比如设备加工某个工件,从开工到完工这段时间的状态不变。注意,如果设备在加工期间发生故障事件,则需要将原活动进行分解,得到设备加工、故障、维修、设备重新加工等几个新活动。

在物理系统中,活动会持续一段时间,比如设备加工某工件共需 5min。但在仿真系统中,活动通常也就是一个事件处理程序,事件一旦发生,触发该程序执行,活动也就结束了。为了避免混淆,本书使用"操作"(operation)一词来代替狭义活动,它更具"原子性",而广义活动可视为多个对象在一段时间内发生的多个操作的集合。

操作不会无缘无故发生,操作的发生由事件触发,操作过程中往往会产生新事件。事件、状态、操作的关系示例如下:某时刻点,"工件进入设备"是一个事件,触发了工件的加工操作,改变了设备的状态,从"等待"变为"工作中"。工件加工完成后,产生"工件完工"事件,触发完工操作。这时有两种执行结果,一是工件的后继对象允许进入(比如机械手就绪),则搬运工件,并更改设备状态为"等待";二是工件后继对象不可进入(比如设备后置缓冲区已满),则更改设备状态为"阻塞"。

1.3　生产系统建模与仿真的目标

在生产系统建模领域,有许多经典的分析与优化问题,比如车间布局规划与重构、生产线平衡分析、车间计划调度、物流路径规划、物流调度、故障分析与维修决

基于 DEDS
理论的车间
物流仿真

策等。大量学者利用运筹学(operations research,OR)方法对这些问题进行了深入研究,取得了许多重要的理论成果。然而由于实际生产系统的复杂性,这些成果往往难以直接用于解决工程问题。通过建模与仿真手段对生产系统进行分析,由于更容易模拟实际生产过程,并且分析手段全面,越来越受到企业的重视。生产系统建模与仿真的根本目的在于:

(1) 在系统布局设计阶段,通过生产与物流活动的仿真,对系统运行性能进行定量分析,提前发现问题,为系统结构设计、资源分配、方案比选等提供数据决策支持,以保证系统设计的科学性、经济性、鲁棒性。

(2) 在系统运行与持续优化阶段,建立物理生产系统的数字孪生模型,通过基于数字空间的仿真实验与优化,识别生产瓶颈,优化运行参数,评估系统在不同调度策略下的性能,确定高效的作业计划和调度方案,辅助生产决策,提高物理系统的综合运行效率。

1.3.1　生产系统的性能指标

对于现有或预期建设的生产系统,为了评价其性能的优劣,进而找到改善的方向,必须定量化分析系统的性能指标。常见的性能指标包括:

(1) 生产率(productivity)。它是一个相对指标,通常表示为产出和投入之比。根据投入要素的数量,可以分为单要素生产率、多要素生产率和总生产率。比如,投入要素为工人,则表示为劳动生产率。

(2) 生产能力(production capacity)。生产能力是指生产系统在一段时间内,在合理的技术条件下,生产某类产品或零部件的平均数量和最大数量,简称产能。比如一条加工生产线,如果工件投入充足,运行一段时间后,生产线单位时间内产出的工件数量会稳定到一个最高水平值,这就是生产线的最大能力(极限能力)。实际情况下,未必能满负荷投入工件,平均产量一般小于最大产量。进一步还可考虑设备故障、工件缺陷、工人离岗等因素,以定义有效生产能力。

(3) 在制品(work in process,WIP)数量。在制品数量是指已投产未完工的工件数量,包括处于工作、等待、运输等状态的工件数量之和。根据著名的 Little 公式,单位时间内投入系统的工件越多,并且工件通过系统的时间越长,在制品数量就越多。在保证生产能力的情况下,在制品数量当然越少越好,因此,工件的投产时机选择和生产调度策略很重要。

(4) 通过时间 T。通过时间是指工件进出系统(设备、产线或车间)的时间差,也称为系统逗留时间,它由加工时间、运输时间和等待时间构成。一般只统计一类工件的平均通过(逗留)时间。

(5) 工件加工/运输/等待时间占比。工件加工/运输/等待时间占比是指工件通过时间中,加工/运输/等待时间的比例。显然,如果加工时间占比偏低,则说明物流效率低或生产调度不合理。

（6）等待队长。等待队长是指在等待加工或搬运任务的缓冲区中，最大和平均等待的工件个数。等待队列决定了缓冲区的容量设计大小，并且，队列越长，说明缓冲区之后的设备是瓶颈。

（7）订单按期完成率。订单即生产作业计划，在订单下发时一般会给定期望完成时间。由于生产异常因素，或者生产负荷过重、调度不合理，部分订单可能无法按期完成，导致订单按期完成率达不到 100%。实际情况中，订单提前太长时间完成可能也不合理，这时可以设定期望完工时间区间，并计算订单准时完成率。

（8）直通率（first pass yield rate）。直通率是指产品从第一道工序开始一次性合格到最后一道工序的比例，它与每道工序的合格率相关。

（9）设备利用率（utilization reatio）。设备利用率是指设备实际工作时间占总时间或有效时间的比例。

（10）设备综合效率（overall equipment effectiveness，OEE）。用来表示实际的生产能力相对于理论生产能力的比率。OEE 的计算公式：OEE ＝ 时间开动率×性能开动率×合格品率 ＝ 合格产品的理论加工总时间/负荷时间。

（11）资源利用率。资源利用率是指物流车辆、人、工装、工具的利用率。

（12）能源效率。能源效率是指单位产品能耗或单位能耗产出。

（13）生产线平衡率（line balance rate）。生产线平衡率 $= \dfrac{\text{各工序作业时间和}}{\text{工序数×瓶颈工序时间}}$。

（14）物流运输距离/成本。物流运输距离/成本是指单位时间内的物流运输距离/成本或者产品的平均物流运输距离/成本。

（15）平均故障间隔时间（mean time between failure，MTBF）。平均故障间隔时间指系统在两相邻故障间隔期内正常工作的平均时间，也称平均无故障工作时间。

（16）平均修复时间（mean time to repair，MTTR）。平均修复时间指系统出现故障后到恢复正常工作时平均所需要的时间。

（17）设备可用率（availability）。可用率 $= \dfrac{\text{MTBF}}{\text{MTBF} + \text{MTTR}}$。

如果生产系统已经存在并运行了一段时间，理论上讲，通过历史数据统计可以计算出上述性能指标，但分析过程一般非常复杂；如果生产系统尚不存在，或者虽存在但亟待重构，新系统性能则往往难以测算。现实中一般靠经验估计或者简单计算来分析生产系统的性能，结果难以令人信服，此时，建立生产系统仿真模型，通过仿真运行来计算上述指标，并给出定量评价，就非常有必要了。

1.3.2 建模与仿真的意义

从某种程度上讲，生产系统仿真和计算机辅助工程（CAE）具有类似的含义。在产品设计过程中，为了提前验证产品的性能，需要利用 CAE 软件建立有限元分析模型，对产品的功能、性能与安全可靠性进行计算，对产品的工作状态和预期行为进行模拟仿真,及早发现设计缺陷,改进和优化设计方案,证实未来产品的可用性与可靠性。同样,在生产系统设计过程中也需要开展仿真分析,基于虚拟工厂模型,通过模拟、验证、优化手段,实现低成本、快速、科学的工厂设计。当产品、工艺或物流发生变化时,基于虚拟工厂先进行重构和优化,持续保障工厂效能。因此,生产系统仿真分析可认为是针对工厂所开展的 CAE 工作。

具体而言,生产系统建模与仿真的实际意义在于:

(1) 基于虚拟环境,可以较为真实地模拟生产与物流过程,从而快速、全面地获得生产运行数据。在物理生产系统中,能获取的数据往往是不全面的,尽管各种物联网技术、生产管控技术等在逐步推广应用,但生产过程中仍然欠缺有价值的数据,这个时候,仿真技术就为数据的获取提供了另外一个手段。通过工厂建模,模拟设施、工艺、物流、人、控制与调度逻辑,导入或模拟生产计划,模拟各种随机因素,然后进行仿真运行,可以在较短的时间内得到大量运行过程数据,比如,在 1min 内完成 1 年生产订单的运行模拟,得到几千万条数据。

(2) 基于数据分析,定量评估分析工厂的性能,包括能力分析和效率分析。1.3.1 节定义了生产系统的 17 个性能指标,通过对它们的分析,可以迅速发现系统运行中存在的问题和有待改进之处,并及时进行调整与优化,减少后续生产执行环节对于物理系统的更改与返工次数,从而有效降低成本、缩短工期、提高效率。

(3) 通过指导性分析(prescriptive analysis),主动寻找优化方案并仿真验证。仿真分析和优化算法可以进行各种形式的融合,比如仿真分析与实验设计的结合、仿真分析与遗传算法的结合等。算法提供了基本的优化逻辑,而仿真则为算法中的一些关键步骤提供了"黑箱"式计算方式。比如,遗传算法中需要计算个体的适应度,然而对于复杂问题,很难给出适应度计算的解析公式,这时候就可以通过仿真来得到适应度值。

1.4　生产系统建模与仿真的相关理论与技术

1.4.1　概率论与统计分析

生产系统中存在许多随机事件,比如设备故障、工件加工完成、订单到达等,为了描述它们需要用到几种常见的概率分布,见表 1-1。

表 1-1　几种常见的概率分布及其统计特征

分布	参数	分布律或概率密度	数学期望	方差
均匀分布	$a<b$	$f(x)=\begin{cases} \dfrac{1}{b-a}, & a<b \\ 0, & 其他 \end{cases}$	$\dfrac{a+b}{2}$	$\dfrac{(b-a)^2}{12}$

续表

分布	参数	分布律或概率密度	数学期望	方差
指数分布	$\theta>0$	$f(x)=\begin{cases}\dfrac{1}{\theta}\mathrm{e}^{\frac{-x}{\theta}}, & x>0\\[2mm] 0, & \text{其他}\end{cases}$	θ	θ^2
泊松分布	λ	$P\{x=k\}=\dfrac{\lambda^k\mathrm{e}^{-\lambda}}{k!}$	λ	λ
正态分布	μ $\sigma>0$	$f(x)=\dfrac{1}{\sqrt{2\pi}\sigma}\mathrm{e}^{\frac{-(x-\mu)^2}{2\sigma^2}}$	μ	σ^2
威布尔分布	$\eta>0$ $\beta>0$	$f(x)=\begin{cases}\dfrac{\beta}{\eta}\left(\dfrac{x}{\eta}\right)^{\beta-1}\mathrm{e}^{-\left(\frac{x}{\eta}\right)^{\beta}}, & x>0\\[2mm] 0, & x\leqslant0\end{cases}$	$\eta\Gamma\left(\dfrac{1}{\beta}+1\right)$	$\eta^2\left\{\Gamma\left(\dfrac{2}{\beta}+1\right)-\left[\Gamma\left(\dfrac{1}{\beta}+1\right)\right]^2\right\}$
三角分布	$a\leqslant c$ $\leqslant b$	$f(x\mid a,b,c)=\begin{cases}\dfrac{2(x-a)}{(b-a)(c-a)}, & a\leqslant x\leqslant c\\[2mm] \dfrac{2(b-x)}{(b-a)(b-c)}, & c<x\leqslant b\end{cases}$	$\dfrac{a+b+c}{3}$	$\dfrac{a^2+b^2+c^2-ab-bc-ca}{18}$
伽马分布	$\alpha>0$ $\beta>0$	$f(x)=\begin{cases}\dfrac{\beta^\alpha}{\Gamma(\alpha)}x^{\alpha-1}\mathrm{e}^{-\beta x}, & x>0\\[2mm] 0, & x\leqslant0\end{cases}$	$\dfrac{\alpha}{\beta}$	$\dfrac{\alpha}{\beta^2}$
n 阶埃尔朗分布	n 为正整数 $\lambda>0$	$f_n(x)=\begin{cases}\dfrac{\lambda^n}{(n-1)!}x^{n-1}\mathrm{e}^{-\lambda x}, & x>0\\[2mm] 0, & x\leqslant0\end{cases}$	$\dfrac{n}{\lambda}$	$\dfrac{n}{\lambda^2}$

如果随机变量的参数未知,就需要用到参数估计这一统计推断方法。参数估计(parameter estimation)是根据从总体中抽取的随机样本来估计总体分布中未知参数的过程。参数估计要处理两个问题:①求出未知参数的估计量;②在一定可信度下求出估计量的精度。可信度一般用概率表示,如 95%;精度用估计量与被估参数之间的接近程度或误差来度量。对估计值的评价标准有 3 个:

(1)无偏性。无偏性是指估计量抽样分布的数学期望等于总体参数的真值。无偏性的含义是:估计量是一随机变量,对于样本的每一次实现,由估计量算出的估计值有时可能偏高,有时可能偏低,但这些估计值平均起来等于总体参数的真值。在平均意义下,无偏性表示没有系统误差。

(2)有效性。有效性是指估计量与总体参数的离散程度。如果两个估计量是无偏的,那么离散程度较小的估计量相对而言是较为有效的。离散程度是用方差度量的,因此在无偏估计量中,方差越小越有效。

(3)一致性。一致性又称为相合性,是指随着样本容量的增大,估计量越来越接近总体参数的真值。

点估计和区间估计是两个基本的参数估计方法。点估计(point estimation)是依据样本估计总体分布中所含的未知参数或未知参数的函数。通常它们是总体的某个特征值,如数学期望、方差和相关系数等。点估计问题就是要构造一个只依赖于样本的量,作为未知参数或未知参数的函数的估计值。构造点估计常用的方法有:矩估计、最大似然估计、最小二乘估计和贝叶斯估计。区间估计(interval estimation)是针对抽取的样本,根据一定的正确度与精确度要求,构造出适当的区间,作为总体分布的未知参数或参数的函数的真值所在范围的估计。求置信区间常用的 3 种方法是:①利用已知的抽样分布;②利用区间估计与假设检验的联系;③利用大样本理论。

以概率论为基础,对所观测数据进行的分析称为统计分析。常用的统计分析方法有聚类分析、因子分析、相关分析、对应分析、回归分析、方差分析等。

(1) 聚类分析(cluster analysis)。聚类分析是指将物理或抽象对象的集合分为由类似的对象组成的多个类的分析过程。通过聚类将数据划分为不同簇,同一个簇中的对象有很大的相似性,而不同簇间的对象有很大的相异性。聚类分析是一种探索性的分析,在分类过程中,不必事先给出一个分类标准,能够从样本数据出发,自动进行分类。聚类分析所使用的方法不同,常常会得到不同的结论。

(2) 因子分析(factor analysis)。因子分析是指研究从变量群中提取共性因子的统计技术。通过因子分析,可从大量数据中寻找内在的联系,减少决策的困难。因子分析主要有两大类方法:一是探索性因子分析(exploratory factor analysis);二是验证性因子分析(confirmatory factor analysis)。

(3) 相关分析(correlation analysis)。相关分析是研究现象之间是否存在某种依存关系,并对具体有依存关系的现象探讨其相关方向及相关程度。相关关系是一种非确定性的关系。例如,用 X 和 Y 分别表示一个人的身高和体重,则 X 与 Y 显然有关系,而又没有确切到可由其中的一个去精确地决定另一个的程度。

(4) 对应分析(correspondence analysis)。对应分析也称关联分析、R-Q 型因子分析,通过分析由定性变量构成的交互汇总表来揭示变量间的联系,可以揭示同一变量的各个类别之间的差异,以及不同变量各个类别之间的对应关系。对应分析的基本思想是将一个联列表的行和列中各元素的比例结构以点的形式在较低维的空间中表示出来。

(5) 回归分析(regression analysis)。回归分析是确定两种或两种以上变数间相互依赖的定量关系的一种统计分析方法。回归分析运用十分广泛,其按照涉及的自变量的多少,可以分为一元回归分析和多元回归分析;按照自变量和因变量之间的关系类型,可以分为线性回归分析和非线性回归分析。

(6) 方差分析(analysis of variance,ANOVA)。方差分析是用于两个及两个以上样本均数差别的显著性检验。由于各种因素的影响,研究所得的数据呈现波动状。造成波动的原因可分为两类：一类是不可控的随机因素，另一类是研究中施加的对结果造成影响的可控因素。方差分析是从观测变量的方差入手，研究诸多控制变量中哪些变量是对观测变量有显著影响的变量。

1.4.2　随机过程

随机过程是一些随机变量 $\{X(t):t\in T\}$ 的集合，即对于每一个 $t\in T$，$X(t)$ 都是一个随机变量。集合 T 称为过程参数集，$t\in T$ 称为参数，$X(t)$ 的取值称为随机过程在参数 t 的状态，$X(t)$ 所有取值的集合称为状态空间。t 通常可视为时间。

以机器的状态变化过程为例，设机器的正常状态为 0，故障状态为 1，用 X_i 表示机器在时间 t_i 的状态，则 $\{X_i:i\in N\}$ 是一个随机过程，其中 X_i 是一个离散随机变量，取值为 $\{0,1\}$。

在进行生产系统分析时，有两类重要且常用的随机过程：泊松到达过程和马尔可夫过程。下面分别介绍。

1. 泊松到达过程

到达过程关注的是某种到达的事件是否发生，比如在一个服务窗口前，顾客的到达时刻。一般假定相邻两次到达时刻之间的时间间隔为相互独立的随机变量。在到达时间为离散的情况下，该到达过程称为伯努利过程，相邻间隔时间服从几何分布。在到达时间为连续的情况下，该到达过程称为泊松过程，相邻间隔时间服从指数分布。这一类过程最明显的特征就是相邻间隔时间相互独立，随机过程无记忆性，比如该窗口上一时刻少来一名顾客，不会对下一时刻产生影响。

考虑以下随机事件：订单到达加工车间、顾客到达银行柜台等，这些事件可用计数函数 $N(t):t\geq 0$ 来定义，$N(t)$ 表示 $[0,t]$ 时刻发生的到达事件数目，取值为整数 $0,1,2,\cdots$。当计数过程满足如下假设时，称为平均速率为 λ 的泊松过程：

（1）每一个时刻到达事件发生 1 个。

（2）$N(t):t\geq 0$ 具有稳定的增量，在 t 和 $t+s$ 之间到达数的分布只取决于区间长度 s，而和开始时间无关，因此，到达事件完全是随机的，没有快慢之分。

（3）$N(t):t\geq 0$ 具有独立的增量，在一个时间区间内到达事件的多少对其后续时间区间的到达数没有影响，未来到达事件的发生完全是随机的，独立于过去时间区间的到达数。

满足以上三个假设，可以证明 $N(t)=n$ 的概率为

$$P\{N(t)=n\}=\frac{\mathrm{e}^{-\lambda t}(\lambda t)^n}{n!},\quad t\geq 0 \text{ 和 } n=0,1,2\cdots \tag{1-1}$$

考虑泊松过程中的到达发生时间，设定从 0 时刻开始，第 1 个到达发生时刻为 A_1，第 2 个到达发生时刻为 A_1+A_2，第 3 个到达发生时刻为 $A_1+A_2+A_3$，以此类推。可以证明，所有到达间隔时间 $A_1,A_2,A_3\cdots$ 服从指数分布。

如果放弃第（2）个假设，则该随机过程称为非稳泊松过程，其到达速率 $\lambda(t)$ 随

时间变化。

2. 马尔可夫过程

马尔可夫过程(Markov process)是一类特殊的随机过程。它的原始模型为马尔可夫链,由俄国数学家 A. A. 马尔可夫于 1907 年提出。马尔可夫过程是研究离散事件动态系统状态空间的重要方法,它的数学基础是随机过程理论。

设 $\{X(t), t \in T\}$ 为随机过程,E 为其状态空间,若对任意的 $t_1 < t_2 < \cdots < t_n < t$,任意的 $x_1, x_2, \cdots, x_n, x, \in E$,随机变量 $X(t_1) = x_1, \cdots, X(t_n) = x_n$ 之下的条件分布函数只与 $X(t_n) = x_n$ 有关,而与 $X(t_1) = x_1, \cdots, X(t_{n-1}) = x_{n-1}$ 无关,即条件分布函数满足等式

$$F(x, t \mid x_n, x_{n-1}, \cdots, x_2, x_1, t_n, t_{n-1}, \cdots, t_2, t_1) = F(x, t \mid x_n, t_n) \tag{1-2}$$

此性质称为马尔可夫性,亦称无后效性或无记忆性。若随机过程 $\{X(t), t \in T\}$ 满足马尔可夫性,则称为马尔可夫过程。

若 $X(t)$ 为离散型随机变量,则马尔可夫性亦满足如下等式:

$$P\{X(t) \leqslant x \mid X(t_n) = x_n, \cdots, X(t_1) = x_1\}$$
$$= P\{X(t) \leqslant x \mid X(t_n) = x_n\} \tag{1-3}$$

1.4.3　排队论

顾名思义,排队论(Queuing Theory)是关于排队系统的理论,也称为随机服务系统理论,是通过对服务对象到来及服务时间的分析研究,得出系统性能指标的统计规律,然后根据这些规律来改进服务系统的结构或重新组织被服务对象,使得服务系统既能满足服务对象的需要,又能使机构的费用最经济或某些指标最优。排队论广泛应用于计算机网络、生产、运输、库存等各项资源共享的随机服务系统。

图 1-1 是排队系统的示意图。它包含三个基本组成部分:到达过程、排队规则和服务机构。一般假定到达过程是平稳独立的,即泊松过程。排队规则包括先来先服务、后来先服务、随机服务、有优先权的服务等。服务机构的特性主要由服务台数目、服务台排列方式、服务时间分布等来描述。排队系统的性能指标包括系统中平均队长、平均服务数、平均服务机构利用率、顾客平均逗留时间(服务时间＋等待时间)、队列中的平均等待时间等。

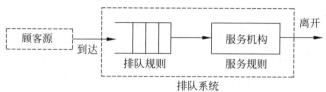

图 1-1　排队系统的组成

通常用 $A/S/m/K/M$ 来表示排队系统模型，其中：

(1) A 表示到达过程的分布类型，S 表示服务过程的分布类型，它们可以是指数分布(M)、确定数(D)、r 阶埃尔朗分布(Er)、一般独立随机分布(GI)或一般随机分布(G)。

(2) m 表示服务台数目。

(3) K 表示允许排队长度。

(4) M 表示顾客源中的顾客数目。

应用随机过程理论对排队系统进行分析，以经典的 $M/M/C$ 系统为例，该系统的到达过程和服务过程的间隔时长均服从指数分布，有 C 个并行服务台。可以证明，队列中的顾客平均数 L 和平均逗留时间 W 分别为

$$L = \frac{\rho \left(\frac{\lambda}{\mu} \right)^C \pi_0}{C! \ (1-\rho)^2} + \frac{\lambda}{\mu} \tag{1-4}$$

$$W = \frac{\left(\frac{\lambda}{\mu} \right)^C \pi_0}{C\mu C! \ (1-\rho)^2} + \frac{1}{\mu} \tag{1-5}$$

其中，λ 和 μ 分别表示到达速率和服务速率，$\rho = \frac{\lambda}{C\mu}$ 表示服务台的平均利用率，$\pi_0 = \left[\sum_{k=0}^{C-1} \frac{1}{k!} \left(\frac{\lambda}{\mu} \right)^k + \frac{1}{C! \ (1-\rho)} \left(\frac{\lambda}{\mu} \right)^C \right]^{-1}$ 表示系统中顾客数为 0 的概率。

将多个排队系统进行连接，得到排队网络。排队网络有一个基本的公式——Little 公式：

$$L = \lambda W \tag{1-6}$$

求解一般意义的排队网络的平稳状态分布较为困难，特殊的马尔可夫排队网络求解则较为简单。马尔可夫排队网络分为开马尔可夫排队网络和闭马尔可夫排队网络两大类，前者包括 Jackson 排队网络、串联排队网络、带有反馈的串联排队网络等，后者包括 Gordon-Newell 网络等。

应用排队论，可以对简单生产系统的性能进行基于数学解析方法的分析。然而，当系统结构较为复杂，并且在各种假设不符合的情况下，分析起来就非常困难了。

1.4.4　Petri 网方法

Petri 网是一种图论工具，是由德国学者 Carl Adam Petri 发明的。Petri 于 1962 年在他的博士论文中提出了一种用于描述事件和条件关系的网络，这就是最初的 Petri 网。

Petri 网是一种用简单图形表示的组合模型，具有直观、易懂和易用的优点，它能较好地描述系统的结构，表示系统中的并行、同步、冲突和因果依赖等关系，并以网图的形式，简洁、直观地模拟离散事件系统，分析系统的动态性质，易于在所构造的模型基础上直接实现控制系统。此外，Petri 网还有严格而准确定义的数学对

象,可以借助数学工具得到 Petri 网的分析方法和技术,并用于有限状态机、数据流计算、通信协议、同步控制、生产系统、形式语言和多处理器系统的建模中,成为离散事件系统的重要建模工具。

经过 40 多年的发展,Petri 网理论日益完善,它在机械设计与制造(如柔性制造系统)、计算机科学技术(如操作系统、并行编译、网络协议、人工智能等)、自动化科学技术(如离散事件动态系统、混杂系统等),以及其他许多科学技术领域得到了广泛的应用。由于 Petri 网能表达并发的事件,研究领域一般认为 Petri 网是所有流程定义语言之母。Petri 网的主要特点如下:

(1) 能够很好地描述和表达离散事件动态系统(DEDS)建模中经常遇到的并行、同步、冲突和因果依赖等关系。

(2) 具有良好的数学基础和语义清晰的语法,这为形式化分析提供了良好条件。

(3) 使用图形来描述系统,使复杂的系统形象化,易于理解,降低了建模的难度,提高了模型的可读性。

(4) 对于柔性制造系统那样的分布式阶梯结构,可以建立分层次 Petri 网。

(5) 与系统结构关系密切,既可以描述系统内部的数据流,也可以描述系统内部的物流,容易在控制模型的基础上直接实现控制系统。

Petri 网作为一种建模工具,有它的优点,但也存在不足,最主要的问题就是存在状态空间组合爆炸,对于一个较为复杂的生产系统,Petri 网显得难有作为。

下面简单介绍事件逻辑关系的 Petri 网图。图 1-2 介绍了主要的 5 种关系。图 1-2(a)表示事件 e_1 和 e_2 为先后关系;图 1-2(b)表示事件 e_2 和 e_3 为并发关系;图 1-2(c)表示事件 e_1 和 e_2 为冲突关系;图 1-2(d)表示事件 e_1、e_2 和 e_3 为迷惑关系;图 1-2(e)表示事件 e_1 和 e_2 为死锁关系,事件不可能发生。

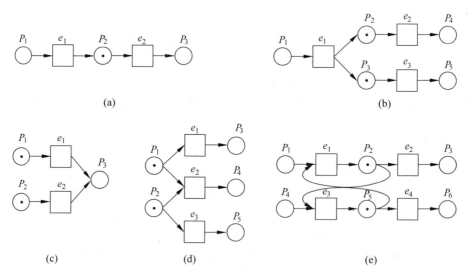

图 1-2　事件逻辑关系的 Petri 网
(a) 先后关系;(b) 并发关系;(c) 冲突关系;(d) 迷惑关系;(e) 死锁关系

1.4.5　离散事件系统仿真方法

针对生产系统的性能评估分析问题,排队论、Petri 网等数学方法有明显的局限性,离散事件仿真方法则可以克服这些困难。一般来说,仿真方法的最大优点是可以较为全面精确地模拟实际对象,不需要太多的抽象和假设,即便是系统结构较为复杂时,分析效率也不会明显降低。这里介绍几种常见的离散事件系统仿真方法。

1. 事件调度法

事件是离散事件系统的基本概念,事件的发生引起系统状态的改变。事件调度法(event scheduling)以事件为分析系统的基本单位,通过定义事件、事件发生的时间顺序及其系统状态的变化,以事件来驱动仿真模型的运行。仿真模型中的事件存放于"事件表"中,通过时间控制模块从事件表中选择最先发生的事件;重置仿真时钟,并调用与该事件对应的事件处理模块;更新系统状态,决定未来将要发生的事件;前事件结束后,返回时间控制模块;重复事件的选择与处理,直到仿真结束。事件调度法的逻辑如图 1-3(a)所示。

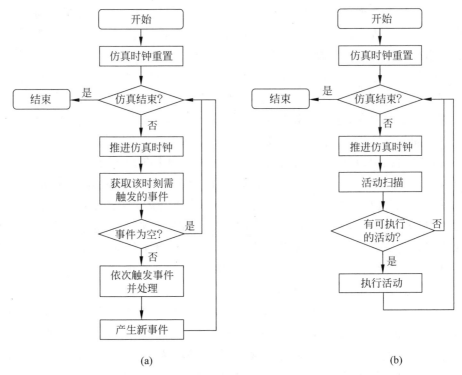

图 1-3　事件调度法和活动扫描法

(a)事件调度法;(b)活动扫描法

2. 活动扫描法

活动扫描法(activity scanning)以活动作为分析系统的基本单元,这里的"活动"等同于1.2.2节中的对象的"操作"。该方法认为仿真系统的运行是由若干活动构成的,每一活动对应一个活动处理模块,用以处理与活动相关的事件。一个活动可以由"开始"(激发)和"结束"(终止)两个事件表示,每一事件都有相应的活动处理模块。处理中的操作能否进行取决于时间及系统状态。一个对象可以有几个活动处理模块。每一个进入系统的临时对象都处于某种活动的状态。活动的激发与终止会形成新的事件。活动扫描法不断扫描系统的每个对象,检验哪些活动可以激发,哪些活动继续保持,哪些活动可以终止。活动扫描法的基本思想:用各对象时间元的最小值推进仿真时钟;按优先级执行激活活动处理,使测试通过的事件得以发生;改变系统状态,确定相关事件的发生时间。活动扫描法的逻辑如图1-3(b)所示。

3. 进程交互法

事件调度法和活动扫描法的基本模型单元分别是事件处理和活动处理。它们针对具体事件而建立,处理相对独立。进程交互法(process interaction)的基本模型单元是进程(process)。进程由和某类对象相关的事件及若干操作组成,一个进程描述了它所包括的事件及操作间的相互逻辑关系和时序关系。通过为每个临时对象建立一个进程来反映它从产生到结束的全部活动。进程交互法试图把活动扫描法和事件调度法的优点结合起来。这种方法认为系统的行为可由一组进程来描述,一个进程是对一系列连续的事件和活动的描述。每个临时对象都有自己的一个进程,随着仿真的进行,相继通过这个进程的各个阶段。在任一时刻,系统中可能存在许多临时对象,这些对象按照自己的进程流动,可能处在进程的不同阶段。各进程之间相互作用,引起临时对象的延迟和移动,从而构成了系统的动态变化过程。在仿真过程中,每个临时对象沿着自己的进程向前移动,直到由于某种原因移动被中止,从而产生一定的延迟;一旦满足某些条件,延迟被解除,则临时对象继续向前移动,而且尽可能移过多个阶段。引发延迟一般有两种情况:一种是无条件延迟(如进入服务),在这种情况下,临时对象在产生延迟的这个阶段一直保持到预先确定的延迟时间结束,然后继续移动;另一种是条件延迟(如排队等待),在这种情况下,延迟的持续时间依赖于其他进程的状态。因此,临时对象在这一阶段要一直保持到其他条件允许它移动为止。

进程交互法中,仿真时钟的控制程序采用两张事件表:其一是当前事件表(current events list, CEL),它包含了从当前时间点开始有资格执行的事件记录,但是该事件是否发生的条件尚未判断;其二是将来事件表(future events list, FEL),它包含了在将来某个仿真时刻发生事件的事件记录。每一个事件记录中包括事件的若干属性,其中必有一个属性说明该事件在进程中所处位置的指针。

仿真过程主要分为三个阶段,如图 1-4(a)所示。

(1) FEL 扫描:扫描 FEL 中的记录,确定具有最早下次激活事件的对象,仿真时钟推进到这一时间。

(2) 移动记录:把激活时间小于或等于当前仿真时钟时间的所有记录从 FEL 移到 CEL 中。

(3) CEL 扫描:对于从 CEL 中取出的每一个事件记录,首先判断它所属的进程及其在进程中所处的位置。该事件是否发生则取决于发生条件是否为真,若为真,则发生包含该事件的活动,只要条件允许,该进程要尽可能多地向前推进,直到结束;如果条件为假或仿真时钟要求停止,则退出该进程。然后对 CEL 的下一事件进行处理,当 CEL 中的所有记录处理完毕后,结束对 CEL 的扫描,继续推进仿真时钟,即把 FEL 中最早发生的事件记录移到 CEL 中。如此重复执行,直到仿真结束。

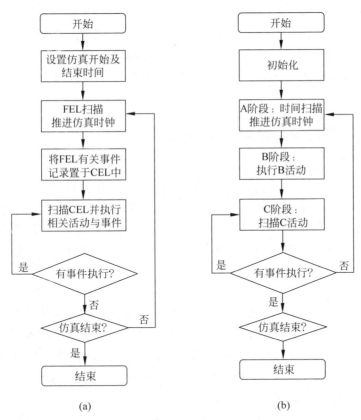

图 1-4　进程交互法和三阶段法
(a) 进程交互法;(b) 三阶段法

4. 三阶段法

三阶段法(three-phase approach)是一种折中的方法,它认为系统中有些活动可以直接安排,而有些活动不能直接安排。执行程序跟踪可以直接安排的活动,然后扫描其他活动,以寻找当前安排的活动执行的逻辑结果。在三阶段法中活动被分成两种类型:B活动(book-keeping activities),表示可被预先安排的无条件事件(持续时间为0的活动),每当它们的预定发生时间到达时,就可直接执行;C活动(conditional activities),即条件活动或协同活动,它们的执行或依赖于不同对象的协同作用或要满足仿真中某些特定的条件。

如图1-4(b)所示,三阶段法的执行分为三个阶段,一般称为A阶段、B阶段、C阶段。当仿真运行时,执行程序不断循环执行这三个阶段。

(1)A阶段(时间扫描):预先知道B活动(无条件事件)的下次发生时间,可以确定紧迫事件的发生时间,推进仿真时钟到这一时间。

(2)B阶段(执行B活动):只执行在A阶段确定的已到达发生时间的B活动(无条件事件)。

(3)C阶段(扫描C活动):依次检查每个C活动,并执行条件满足的活动。这一阶段,除了扫描的只是C活动以外,操作过程和活动扫描法是一样的。

三阶段法也是事件调度法和活动扫描法的综合改进,是离散事件仿真软件主要采用的方法。

1.4.6　调度问题及其优化算法

1. 生产计划与调度

无论是实际生产,还是仿真生产,都离不开对生产任务执行资源与执行顺序的合理安排,即生产计划与调度。生产计划与调度本质上是一个运筹优化问题,即在产品结构、工艺路线、工作时间、资源能力、订单交期等的约束下,最优化安排生产计划,确定生产顺序并分配执行资源,从而实现综合成本最低、延期风险最小、生产负荷均衡等优化目标。

经典的生产调度如Job-Shop和Flow-Shop问题是典型的NP问题,由于解析法在求解这类问题上存在局限,智能优化方法已成为最常用的计算手段。多年以来,国内外针对基于智能理论的生产调度优化方法、面向新型生产模式的生产调度方法、效率与能耗综合优化调度方法、大数据驱动的生产调度方法等领域开展研究,取得了大量学术成果,同时也促进了高级计划与调度(advanced planning and scheduling,APS)软件的诞生与发展。

APS是以约束理论(theory of constraints,TOC)为核心的一整套软件系统,它支持面向企业供应链计划和生产计划排程业务需求的系统建模,并通过内置优化引擎对生产执行计划与物料供应计划等进行合理规划与综合优化。APS持续追求生产计划的优化与能力的平衡。然而在实际生产中,由于约束复杂、运算规模大,问题是否可搜寻到最优解、优化能力如何等成为疑问。近些年,APS的相关研究主要集中在车间生产计划的制订与调度层面。该类问题常称为排产问题或资源分配问题,简单来说,就是针对某一计划或调度层面的问题,在尽可能满足所有约束条件(交货期、工艺路径、主/副资源等)的前提下,下达生产指令,选择资源,安排加工时间及加工先后顺序,实现最优化的产品制造时间或成本。常用的解决方法有规则算法、系统仿真方法、智能算法、神经网络优化、智能算法融合 AI 动态调整算法等。机器学习与深度学习方法能较快适应高层的决策分析与现场传感层的识别,较适合进行运作层与现场调度优化。

将生产调度技术和生产系统建模与仿真技术相结合,实现 APS 与仿真软件的集成是一个发展趋势。一方面,在生产系统仿真过程中,处处都离不开生产调度规则的支持。然而,仿真软件的默认生产调度规则一般都是简单的启发式规则,如果能将生产调度算法嵌入进来,将有可能实现更为复杂的生产过程仿真优化。另一方面,由 APS 制订的计划也可以输出到仿真软件中进行仿真运行,对随机干扰下的计划鲁棒性等性能进行验证,并将结果反馈给 APS 进行迭代优化。

2. 物流调度

据统计,在我国制造业生产成本中,物流运输占了约 1/3,远高于发达国家的 $10\% \sim 15\%$。我国制造业物流效率总体偏低,物流成本水平仍然很高,如何改变这一现状,对我国制造业的发展有着重要的意义。现阶段车间中的物流成本存在着巨大的降低空间。随着智能制造的推进,企业必然要向着自动化、信息化、智能化发展。用机器代替人,采用自动导引小车(automated guided vehicle,AGV)进行物料运输是必然的趋势,AGV 系统已成为数字化车间的重要组成部分。

物流调度是指在生产系统物流过程中,根据物流网络状态和物料优先级等因素,对车辆和人员进行合理安排和指挥调度。路径规划、多 AGV 调度等都属于物流调度问题。物流调度问题是一个十分复杂的问题,当前对问题的认识还不够深入,所建立的数学模型也是基于许多假设,弱化了问题的难度,这使得理论研究成果在实际应用时受到很大限制。

根据对环境信息的把握程度可把路径规划划分为基于先验完全信息的全局路径规划和基于传感器信息的局部路径规划。从获取障碍物信息是静态或是动态的角度看,全局路径规划属于静态规划,局部路径规划属于动态规划。常见的路径规划算法包括图搜索算法(Floyd 算法、Dijkstra 算法、A * 算法等)、RRT 算法、人工势场法、增量式启发算法等。

协调各个 AGV 之间无碰撞地高效完成生产系统中的运输作业任务,是多 AGV 调度系统的主要任务。相向冲突、站点冲突、拐角冲突、赶超冲突是多 AGV 运行过程中常见的几种基本冲突。求解多 AGV 任务调度问题的典型方法有以下几种。

(1)基于时间窗的 AGV 无碰撞路径规划:针对每段路径引入时间窗来指示该路段在某段时间是否已经被 AGV 占用,根据接受任务的优先级依次分配空闲的 AGV,并利用算法选择最优路径,产生各路径的时间窗。

（2）混合区域控制模型调度方法：对 AGV 的工作空间按不同区域进行建模，AGV 作业于不同区域，且一个区域中最多只有一台 AGV。

（3）线段网络控制调度算法：把 AGV 小车的路线分为可进行控制的若干条路段，当小车将要或已经在一个路段上行驶时，AGV 调度系统将这个路段及其终点分配给该 AGV，当 AGV 行驶离开此路段的起始点一定距离后，系统又将该路段释放。

（4）两阶段控制调度算法：将 AGV 调度控制系统分为离线路径表生成和在线交通控制两个模块，其中离线路径表生成模块根据网络路线图离线生成各节点间的所有路径，在线交通控制模块则根据下达的任务和 AGV 的实际运行状态，利用路径库中的路径表生成无冲突的最佳路径。

3. 资源调度

资源调度是企业生产管理的核心内容，它直接影响着企业生产活动的完成质量。如何科学配置生产过程中的多种资源，尽可能减少生产过程的等待时间，提高生产效率，有效降低生产成本，以期在最短的时间保质保量地完成生产任务，提高企业的经济效益，是进行多资源调度的重要意义。制造车间内的资源较为复杂，资源类型多，且一直处于动态流动过程，必须结合生产环节的具体情况，制定科学的方案，进行合理的资源调度工作。

资源调度的目的是合理分配生产资源从而达到某种生产指标的最优。生产系统中受约束的资源不仅仅是机器设备，其他的资源（如工人）和一些辅助生产资源（如机器人等）也是受约束的资源，多资源受限下的调度问题在生产系统中广泛存在。

4. 调度优化算法

利用仿真软件构建车间模型，结合各种优化算法进行调度优化，可以得到最佳生产顺序，实现最小化最大完工时间、最小化总成本、最小化能源消耗、最小化总时间等目标。常见的优化算法包括以下几种。

1）遗传算法

遗传算法（genetic algorithm，GA）最早由美国的 John Holland 于 20 世纪 70 年代提出，是根据大自然中生物体的进化规律而设计的。它是模拟达尔文生物进化论的自然选择和遗传学机理的生物进化过程的计算模型，是一种通过模拟自然进化过程搜索最优解的方法。该算法通过数学的方式，将问题的求解过程转换成类似生物进化中的染色体基因的交叉、变异等过程。

2）禁忌搜索算法

禁忌搜索（tabu search，TS）算法是一种元启发式（meta-heuristic）随机搜索算法，它从一个初始可行解出发，选择一系列的特定搜索方向（移动）作为试探，选择能实现特定的目标函数值变化最多的移动。为了避免陷入局部最优解，TS 搜索中采用了一种灵活的"记忆"技术，对已进行的优化过程进行记录和选择，以指导下一步搜索方向,这就是禁忌(tabu)表的建立。

3) 模拟退火算法

模拟退火(simulated annealing,SA)算法的核心思想与热力学的原理极为相似,在高温下,液体的大量分子彼此之间进行相对移动。如果液体慢慢冷却,原子的可动性就会消失,原子自行排列成行,形成一个纯净的晶体;如果温度冷却迅速,那它不一定能达到这个状态。这一过程的本质在于慢慢冷却,以使原子在丧失可动性之前重新排列,是达到低能状态的必要条件。模拟退火算法实质上是一种贪心算法,但和普通贪心算法不同的是,模拟退火算法在搜索过程中加入了随机因素,它在搜索过程中会以一定的概率来接受比当前解更差的解,因此有可能会跳出这个局部最优解,找到全局的最优值。

4) 粒子群算法

粒子群算法,也称为粒子群优化(particle swarm optimization,PSO)算法,它模拟鸟群随机搜索食物的行为。在粒子群算法中,每个优化问题的潜在解都是搜索空间中的一只鸟,叫作"粒子"。所有的粒子都有一个由被优化的函数决定的适应值(fitness value),每个粒子还有一个速度决定它们"飞行"的方向和距离。粒子仅具有两个属性:速度和位置,其中,速度代表移动的快慢,位置代表移动的方向。每个粒子在搜索空间中单独搜寻最优解,将其记为当前个体极值,并将个体极值与整个粒子群里的其他粒子共享,找到最优的个体极值作为整个粒子群的当前全局最优解,粒子群中的所有粒子根据自己找到的当前个体极值和整个粒子群共享的当前全局最优解来调整自己的速度和位置。

5) 人工蜂群算法

人工蜂群(artificial bee colony,ABC)算法是模仿蜜蜂行为提出的一种优化方法,是集群智能思想的一个具体应用。它的主要特点是不需要了解问题的特殊信息,只需要对问题进行优劣比较,通过各人工蜂个体的局部寻优行为,最终在群体中使全局最优值突现出来,有着较快的收敛速度。标准的 ABC 算法通过模拟实际蜜蜂的采蜜机制将人工蜂群分为 3 类:采蜜蜂、观察蜂和侦察蜂。整个蜂群的目标是寻找花蜜量最大的蜜源。采蜜蜂利用先前的蜜源信息寻找新的蜜源并与观察蜂分享蜜源信息;观察蜂在蜂房中等待并依据采蜜蜂分享的信息寻找新的蜜源;侦察蜂的任务是寻找一个新的有价值的蜜源,它们在蜂房附近随机地寻找蜜源。

1.5　生产系统建模与仿真软件

1.5.1　软件基本框架

目前,市面上有大量可用于生产系统建模与仿真的工业软件,其称谓包括离散事件仿真软件、系统仿真软件、工厂仿真软件、物流仿真软件等,它们中的大部分是通用型仿真软件,除了用于生产系统外,还可用于服务系统、社会系统、管理系统等许多领域,少部分则是专用型软件,聚焦于工厂及物流过程的建模分析。

有时候,生产系统建模与仿真软件被归为工艺类软件,这种归类其实不够准确。针对生产系统的建模与仿真,不但可用于工艺阶段的工厂布局、生产线平衡分析、物流设计等,还可用于工厂运行阶段的性能分析与改善、生产计划模拟执行与优化、车间数字孪生等环节。

生产系统建模与仿真软件的基本功能框架如图 1-5 所示。其主要功能包括:

(1) 建模平台。基于自带模型库的支持,通过人机交互或自动脚本方式实现生产系统的图形化建模,根据图形化的表现形式,又可分为二维建模和三维建模两种方式。

(2) 仿真引擎。它是系统的核心所在,以离散事件仿真引擎为基础,以动画引擎和脚本引擎为辅助,解析并驱动仿真模型,模拟物理系统的运行。

(3) 分析与优化工具。定义分析逻辑,分析仿真过程数据,评估性能指标,并优化模型参数设计。一些仿真软件集成了专业的分析软件,比如 Arena、AnyLogic、FlexSim、Simio 和 Quest 都集成了 OptQuest 这一强大的分析优化工具。

(4) 数据与控制接口。实现仿真软件与外部环境或其他系统的集成,常见的接口方式包括数据库中间件访问、Excel 数据接口、Socket 通信接口、Web 服务接口等。

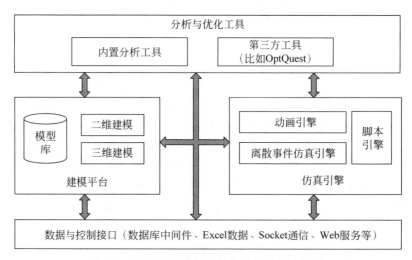

图 1-5　生产系统建模与仿真软件的基本框架

1.5.2　主流仿真软件

国际上主流的生产系统仿真软件使用统计如图 1-6 所示。

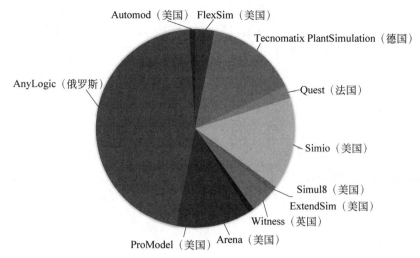

图 1-6　国际主流的生产系统仿真软件使用统计（引自 2020 年国际冬季仿真会议）

1. AnyLogic

AnyLogic 是俄罗斯的一款独创的仿真软件，它以最新的复杂系统设计方法论为基础，是第一个将 UML 语言引入模型仿真领域的工具，也是唯一支持混合状态机这种能有效描述离散和连续行为语言的商业化软件，它支持离散事件、智能体、系统动力学 3 类建模方法，可对任何复杂程度的业务系统进行仿真。在 AnyLogic 中，可以使用多样的可视化建模语言，如过程流程图、状态图、行动图、存量及流量图。它的应用领域包括物流、供应链、制造生产业、行人交通仿真、行人疏散、城市规划建筑设计、Petri 网、城市发展及生态环境、经济学、业务流程、服务系统、应急管理、地理信息系统、公共政策等。

2. Simio

Simio 是仿真领域学术领袖 Dennis Pegden 博士创造的、独特的多方法论的、基于"智能对象"内核的系统仿真模拟软件/高级计划调度软件。它提供了快速和灵活的模拟能力，能够同时支持离散系统、连续系统和智能主体（agent）的大规模行业应用。现已成功应用于大型交通枢纽（如国际机场、港口）的仿真分析、供应链设计和优化、离散制造业、采矿业、医疗业、军事资源配备、智能制造等多个领域，是能够实现复杂流程应用而不需要编写代码的创新性仿真产品。

3. Tecnomatix PlantSimulation

Tecnomatix PlantSimulation 是由 eM-Plant 发展过来的一款西门子公司旗下的软件，其利用离散事件仿真的强大功能进行生产量分析和优化，进而改善制造系统的性能。该软件具体有以下功能：

（1）通过二维和三维统计模拟分析生产系统，提供离散事件模拟和统计分析功能,以优化材料处理、物流、机器利用率和劳动力需求;使用具有面向对象和三维建模功能的随机工具,可以提高制造精度和效率,同时提高吞吐量和整体系统性能;强大的图形可视化、图表和报告功能、遗传算法和实验工具能够评估生产系统的行为,以便做出快速、可靠的生产决策。

(2) 能够进行自动瓶颈检测,吞吐量、资源分析等,包含桑基图和甘特图等众多可用来评估生产系统性能的工具。

(3) 包括能量分析模块,可优化现有生产系统的性能和能源使用。

(4) 可以将工厂的虚拟模型与实际工厂控制联系起来,模拟实际生产。既可以连接虚拟(软件)可编辑逻辑控制器(programmable logic controller,PLC),也可以连接真实环境中的实际(硬件)PLC。该调试方案灵活开放,可与任何 PLC 配合使用。

4. FlexSim

FlexSim 是由美国 FlexSim 公司开发的,是迄今为止世界上第一个在图形环境中集成了 C++ IDE 和编译器的仿真软件。在这个软件环境中,C++不但能够直接用来定义模型,而且不会在编译中出现任何问题。这样就不再需要传统的动态链接库和用户定义变量的复杂链接。FlexSim 应用深层开发对象,这些对象代表着一定的活动和排序过程。要应用模板里的某个对象,只需要用鼠标把该对象从库里拖出来放在模型视窗中即可。每个对象都有坐标、速度、旋转及一个动态行为(时间)。对象可以创建、删除,而且可以彼此嵌套移动,它们有自己的功能或继承来自其他对象的功能。这些对象的参数可以把任何制造过程、物流过程和业务流程快速、轻易、高效地描述出来。同时 FlexSim 的资料、图像和结果都可以与其他软件共用,而且它可以从 Excel 表或任何支持开放数据库互连接口(open database connectivity,ODBC)的数据库系统中读取资料和输出资料,可以从生产线上读取现时资料以做分析功能。FlexSim 也允许用户建立自己的实体对象来满足用户自己的要求。

5. Arena

Arena 是一种管理系统模拟软件,是美国 System Modeling 公司于 1993 年开始研制开发的新一代可视化通用交互集成模拟环境,后被 Rockwell 公司收购。Arena 很好地解决了计算机模拟与可视化技术的有机集成,兼备高级模拟器易用性和专用模拟语言柔性的优点,并且可以与通用过程语言,如 VB,Fortran、C/C++等编写的程序连接运行。自 1993 年推出 1.0 版本之后,Arena 目前已更新到 16.1版本。Arena 在全球拥有 20 多个行业、7000 多个大型客户、35 万多个终端许可证用户,广泛应用于制造业、物流、供应链、服务、医疗、军事、日常生产作业等行业。Arena 通过对离散复杂系统的建模与仿真,对各种活动中涉及的有限资源(如时间资源、设备资源、人力资源、空间资源)的分配、占用、释放方式进行研究,以实现预测分析、流程和操作评估、敏感性分析、方案/流程/决策优化、财务分析等管理研究的目的。Arena 提供了简单快捷、灵活设置、弹性规模和专家建模所需的各方面功能,通过提供相关特性(如流程图视图建模、层次化建模结构、可扩展的图形化资料库等),Arena 已经成为业界领先的离散仿真软件。

6. ExtendSim

ExtendSim 系统仿真软件是由美国 Imagine That 公司开发的通用仿真平台,支持离散系统、连续系统和混合系统的仿真模拟。ExtendSim 仿真环境为不同层次的建模者提供了多种工具,用这些工具可以高效地建立精准、可信、有用的模型。ExtendSim 包含了当代仿真软件必须包含的特色:可以重复使用的建模模块、终端用户界面开发工具、灵活的自定义报告图表生成机制和与其他应用系统集成的方法。此外,ExtendSim 包含一个基于消息传递的仿真引擎,提供了一种迅速的模型运行机制和灵活建模机制。ExtendSim 的模块可以很容易地搭建并组合在一起,这一点使得 ExtendSim 在众多行业得到广泛认可,包括通信、制造、服务、卫生、物流和军事等。形象的动画、有效的调试工具和建模的透明性能够帮助校验、确认模型。ExtendSim 建模的透明性可以使建模者非常容易地看到模型是怎样运行的,可以看到模型运行的每一个细节,包括事件触发、资源分配,甚至还可以更细微到每个事件的时间分配是如何解决的。这些工具缩短了确认模型所需要的时间。建模者通过拖拉的方法可以非常容易地创建完全交互式的界面模块,并将其保存到自己创建的模块库中,以便将来在任何建模过程中重复使用。

7. ProModel

ProModel 是由美国 ProModel 公司开发的离散事件仿真软件,可以构造多种生产、物流和服务系统模型,是美国和欧洲使用最广泛的仿真系统之一。它基于 Windows 操作系统、采用图形化用户界面,并向用户提供人性化的操作环境;提供二维和三维建模及动态仿真环境。用户根据需求,利用键盘或鼠标选择所需的建模元素,建立仿真模型。在定义系统的输入/输出、作业流程和运行逻辑时,ProModel 提供了多种手段,既可以借助参数或利用条件变量进行弹性调整,也可以利用程序语言实现控制,从而改变系统的设置和运行逻辑。对制造和物流系统的人员、机器、物料、夹具、机械手、输送带等动态建模元素,可以设定元素的速度、加速度、容量、运作顺序、方向等属性。此外,ProModel 软件还提供了基于进化算法的优化功能。

8. Witness

Witness 是英国 Lanner 集团集数十年系统仿真经验开发出的面向工业系统、商业系统流程的动态系统建模与仿真软件平台。Witness 提供了大量的描述工业系统的模型元素,如生产线上的加工中心、传送设备、缓冲存储装置,以及逻辑控制元素等,用户可方便地使用这些模型元素建立起工业系统运行的逻辑描述。Witness 提供了直观的流程运行的动态动画展示,使使用户可以清楚和直观地了解系统的运行过程,可展示系统模型在三维空间的运行效果。Witness 内置强大的仿真引擎,以及模型元素运行状态的多种表示方法,如饼状图、柱状图等,可实时看到系统模型各部分的运行状态,如忙、闲等,清楚地展示出流程中的拥堵环节,找出问题之所在,为系统的优化设计提供重要的依据。Witness 拥有方便的图形界面操作功能(如多窗口显示),便捷的拖拉建模方法,多种仿真结果的报表及图示。强大的建模功能模组、层次建模策略、可定制的模型组件库允许用户定制自己领域独特的建模元素。Witness 采用面向对象的建模机制,让用户更方便和细致地建立和描述自己的系统模型和模型行为,提供了丰富的模型运行规则和属性描述函数库。在整个建模与仿真过程中,用户可根据不同阶段的仿真结果随时修改系统模型,如添加和删除必要的模型元素,动态提高模型的精度;可方便设计与测试新设计的工厂和流程方案,平衡服务与花费,简化换班模式,评测可选的设计方案。该软件广泛应用于生产和物流系统的运营管理与优化、流程改进、工厂物流模拟与规划、供应链建模与优化等。

9. Quest

Quest 是由法国 Delmia 公司推出的,Delmia 公司成立于 2000 年 6 月,是达索系统集团整合旗下 Deneb、Delta 和 Safework 三家软件公司的解决方案而合并组成的电子化制造(e-manufacturing)软件公司。Quest 是 Delmia 公司开发的一种面向生产过程物流仿真与分析的三维数字化工厂开发软件。它为用户提供了一个简便的协同开发环境,以便通过合理的生产系统设计来获得良好的制造系统物流过程。通过使用 Quest 对生产系统的参数(如设备布局、资源分配、生产计划等)进行实验,生产系统设计者能够评价他们的决策对生产率和成本的影响。该软件的特点有:

(1)具有较强的三维可视化仿真功能;

(2)提供了基于对象的建模方法,它包含了丰富的集合对象资源库,使得用户可以方便地为生产设备建模;

(3)提供了智能化的物料运输系统模板,综合了多个生产系统参数,例如长度、速度与设备布局情况等;

(4)提供了分析生产率、人力需求、库存水平的工具,可以用数据表、饼状图、时间序列图等多种形式来显示分析结果;

(5)可以运用 OptQuest 中的智能搜索算法来进行实验的自动化设计。

10. Automod

Automod 是美国 Applied Materials 公司的软件产品,它由 AutoMod、AutoStat 和 AutoView 三个模块组成。AutoMod 模块提供给用户一系列的物流系统模块来仿真现实世界中的物流自动化系统,主要包括输送机模块、自动化存取系统、基于路径的移动设备、起重机模块等。AutoStat 模块为仿真项目提供增强的统计分析工具,由用户定义测量和实验的标准,自动在 AutoMod 的模型上执行统计分析。AutoView 模块允许用户通过 AutoMod 模型定义场景和摄像机的移动,产生高质量的 AVI 格式的动画,用户可以缩放或者平移视图,或使摄像机跟踪一个物体的移动。AutoView 可以提供动态的场景描述和灵活的显示方式,是目前市面上比较成熟的三维物流仿真软件。

11. Simul8

Simul8 软件是美国 Simul8 公司的随机事件离散系统软件,具有速度快、数据分析工具丰富等优点,它提供了专业的离散制造模块和流程工业模块,同时也支持价值流图和商业流程建模与仿真。Simul8 在制造、物流、供应链、医疗、教育、咨询等领域都有很多成功案例。

1.5.3　仿真软件的现状小结

目前,生产系统仿真软件基本上来自国外,它们已广泛应用于制造、物流及供应链、服务等各个领域,一般具备以下特点:

(1) 支持多种类型的建模与仿真,包括离散事件、流程、混合等类型,甚至多智能体建模、系统动力学建模等。

(2) 具有图形化用户界面和交互式的建模环境,提供了基于对象的建模方法,包含丰富的对象资源库,用户可以方便地完成生产系统的对象建模。

(3) 能通过交互界面定义各种系统执行逻辑,且能通过系统函数灵活控制仿真过程。

(4) 提供各种分析工具,可以用图表等多种形式来显示分析结果。

(5) 具有面对不同场景的智能优化模块。

(6) 具有多种形式和类型的软件接口。

(7) 仿真速度快。

(8) 具有较强的三维可视化仿真功能。

(9) 扩展性好,具有开放的接口。

然而,国外软件价格昂贵、功能虽强但学习资料较少,学习曲线长,无法进行深度定制开发,因此,这些软件的用户虽多,但尚未像 CAE 软件一样形成大量有价值的成功应用。国产仿真软件基本为零,"卡脖子"现象较为严重。

1.6　生产系统建模与仿真的基本过程

针对现实应用,生产系统建模与仿真的基本过程如图 1-7 所示,主要包括 5 个阶段。

1.6.1　仿真目标定义

在建模与仿真之前,首先要明确仿真的目标,即为什么要进行仿真、要分析哪

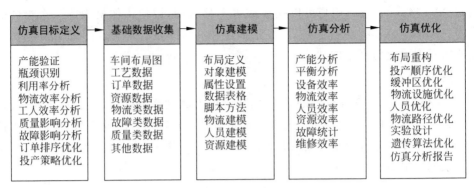

图 1-7　生产系统建模与仿真的基本过程

些指标等。物理生产系统存在与否、实际运行状况如何、有哪些改善需求或愿景等因素都会影响仿真的目的。比方说,物理车间尚未建设,此时的仿真目的就是科学预知未来车间的性能,如果车间已存在但物流性能不佳,此时的仿真目的就是通过分析物流效率,找出瓶颈原因,然后提出改善方案并进行验证。根据性质的不同可将仿真分析的目的分为四类:

(1)描述性分析(descriptive analysis)。通过仿真,模拟物理系统的运行,分析运行数据,计算统计值,绘制图表,得到各项性能指标的量化值。描述性分析多用于对现有方案的模拟再现和验证,是最基础的分析。

(2)诊断性分析(diagnostic analysis)。基于描述性分析结果,分析生产系统的性能瓶颈并寻找原因,比如资源不足、生产线不平衡等,尝试改变生产布局和结构参数,多次运行仿真,寻找更优方案。通过诊断性分析,给出诊断报告,达到知其然并且知其所以然的目的。

(3)预测性分析(predictive analysis)。模拟各种随机因素,设计大量仿真实验,结合因果分析、回归分析、相关分析等方法,对不同参数组合下生产系统性能的变化趋势进行分析。通过预测性分析,建立响应变量和输入变量之间的关系,预知输入变量改变以后的结果。

(4)指导性分析(prescriptive analysis):将仿真与运筹学方法相结合,对生产系统的最优设计方案和最优运作方案给出建议,比如设施布局、物流路径定义、计划投产策略等。通过指导性分析,提出生产系统的改善方案。

根据业务的不同可将仿真分析的目的分为产能验证、瓶颈识别、利用率分析、物流效率分析、工人效率分析、质量影响分析、故障影响分析、订单排序优化、投产策略优化等。

1.6.2　基础数据收集

在仿真建模过程中,需要一定的基础数据支持,基础数据的质量(全面性、真实性)对仿真结果的真实可信性有直接的影响,这些数据通常包括:

（1）车间布局图。它描述了生产系统中的设施布局和物流路径，一般为 CAD 模型，有精确的几何数据。

（2）工艺数据。包括车间中生产的每一类零件或部件的工艺路线（如工序、工时、所需工具、所需设备、工人、毛坯等）信息。如果是装配工序，还需给定物料清单（bill of material，BOM）数据。

（3）订单数据。如果是进行产能分析，则根据经验估计，给出每年（月）预计投入的订单数量、订单的工件构成、订单的投放规律（间隔时间、批量）等；如果是进行生产计划仿真，则需要给出详细的生产计划。

（4）资源数据。包括工具类资源、工人（操作工、检验工、物流工等）类资源的类型、数量、使用规则等。

（5）物流类数据。包括物流运输路径、物流配送策略、物流设施及工作参数等数据，以及缓冲区和仓库的位置、容量、出入库策略等数据。

（6）故障类数据。包括设备的故障模式、失效分布、维修特征等数据。

（7）质量类数据。包括缺陷类型、缺陷发生的概率分布、缺陷处理策略等数据。

（8）其他数据。比如工厂日历、停机计划、特殊生产规则等。

1.6.3　仿真建模

仿真建模是指选择一种生产系统仿真软件建立生产系统仿真模型。主流仿真软件一般都提供了图形化的建模平台，仿真建模的大致过程如下：

（1）按照 CAD 布局，创建各类对象并准确摆放其位置。

（2）详细定义对象属性。

（3）导入基础数据，建立对象和数据的关联。

（4）定义物流过程。

（5）定义人员和资源模型及其访问机制。

（6）自定义脚本，实现各种逻辑控制。

第 2 章将对仿真建模的原理进行详细介绍。

1.6.4　仿真分析与优化

仿真分析与优化是指基于生产系统仿真模型，在离散事件仿真引擎和动画引擎等的支持下，进行大量模拟运行，输出仿真模型的运算结果统计。仿真结果一方面可以用来验证模型的有效性，另一方面可以用来指导生产物流规划及后期的运作管理，包括布局规划、生产物流分析、参数优化计算和瓶颈分析优化等内容。

图 1-8 以布局分析和优化为例，描述了仿真分析与优化的基本过程，包括初始方案的仿真分析、关键参数实验设计及对比分析、遗传算法＋仿真优化实现寻优三个过程。

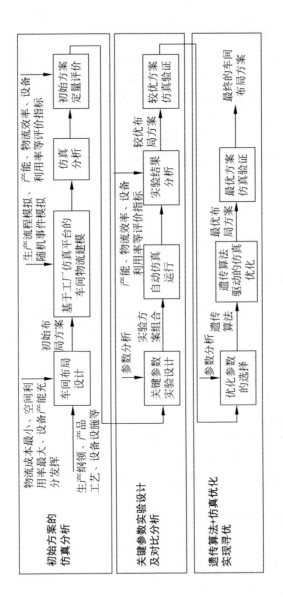

图 1-8 仿真分析与优化过程（以布局分析与优化为例）

第 2 章

生产系统仿真建模

生产系统仿真建模的任务是将现实世界的工厂、车间、生产线、制造单元等生产系统抽象描述为仿真软件能够理解的虚拟可视化模型，从而支持仿真运行、仿真动画和定量分析优化。本章提出了生产系统仿真模型的三个子模型：对象模型、数据模型和活动模型，然后针对这三个子模型的建立过程进行了详细阐述。

2.1 生产系统仿真模型的三个子模型

"高保真"(high fidelity)是对生产系统仿真模型的基本要求，体现为系统结构和动态行为两个方面的"虚-实"一致性(仿真模型和物理系统相比)。保真性的具体指标包括：

(1) 布局一致，体现在加工、物流等设施的类型和数量相同，设施的基本属性相同(比如生产线长度和运行速度、缓冲区容量、AGV 运行路线)，设施的布局位置相同。

(2) 资源一致，体现在工人、工具、车辆等资源的类型和数量相同、基本属性相同，资源使用规则相同。

(3) 数据一致，体现在生产计划或订单投入策略、工艺路线、BOM 数据、时间数据、生产异常发生规律、工厂日历等相同。

(4) 行为一致，体现在生产调度、物流调度、资源调度、故障维修、计划停机维护等行为的执行与控制策略相同。

通常，高保真性和建模效率是一对矛盾。为了减少建模的时间消耗，提高建模速度，对物理系统进行一定的简化是必需的，比如，在进行物流效率分析时，设备的外观尺寸一般对分析结果没有什么影响，因此建模时可以使用一些简单的图形块来表示设备和物流设施，而不一定需要建立复杂逼真的三维对象模型。

生产系统仿真模型的三个子模型分别是对象模型、数据模型和活动模型，三者之间的关系如图 2-1 所示。对象模型是基础，它定义了系统的静态结构；对象的基本属性及仿真运行所依赖的数据通过数据模型来表达；活动模型则描述了对象及其所构成系统的行为规则。仿真过程中，数据驱动仿真引擎，解析仿真模型，不断产生活动,改变对象的状态、属性和位置,同时也产生新的数据,直至仿真结束。如果用人来类比生产系统,对象模型就如同人的躯干,数据模型如同人的知识、经验和语言表达,活动模型则如同人的各种行为。

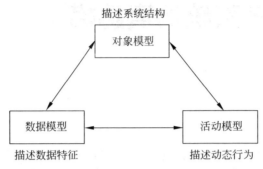

图 2-1   生产系统仿真模型的三个子模型

2.2   对象建模

将生产系统中客观存在的各种物理实体(entity)以及逻辑实体进行抽象描述并实现图形化表达,称之为对象建模(object modeling),每个实体都有其特征和功能,在对象模型中统称为属性(property)。生产系统仿真模型中的对象主要包括生产设施对象、物流设施对象、工件对象、资源对象和逻辑对象。它们的特点如下:

(1) 生产设施、物流设施、工件、资源对象是物理实体的抽象描述,而逻辑对象不对应物理实体。

(2) 生产设施和物流设施对象是永久对象,仿真建模时即存在,仿真结束后也不消失。它们也是静态对象,仿真过程中几何位置保持不变。

(3) 工件和资源对象是临时对象,仿真运行时才创建,仿真结束后就消失。它们还是流动对象,仿真过程中几何位置不断发生变化。

2.2.1   生产设施对象

生产设施是工件的工序作业场所。依据工艺流程定义,工件在不同生产设施上依次完成加工、装配、检测和其他增值活动,最后变为成品件。根据工序特点的不同,可将生产设施对象抽象为一般设备、装配站和拆卸站三类对象。在仿真运行周期内,工件依次进入各种生产设施,停留一段时间,经过作业处理后离开,生产设施因此在不同状态之间进行转变,状态变迁过程详见 3.2.1 节,仿真引擎自动统计出所有生产设施对象处于不同状态的时长,作为时间分析的依据。

三类生产设施对象的特点与基本属性见表 2-1,以"一般设备"为例,其基本属性包括:

表 2-1　生产设施

类　型	特　点	基本属性	示　例
一般设备	(1) 工件单进单出； (2) 可同时处理的工件数量＝并行工作单元的数量； (3) 可处理不同类型的工件，且处理时长不同	编号、名称、路径和组； 坐标位置、基本尺寸； 工作单元数(默认为 1)； 缓冲区容量(默认为 0)； 当前状态； 工人需求(类型、数量)； 资源需求(类型、数量)； 准备时间(确定/随机)； 处理时间(确定/随机)； 故障特征与维修特征； 当前工件列表； 进出历史工件数量； 工作日历	数控机床、 加工中心、 检测设备、 清洗设备、 机器人加工设备、 ……
装配站	(1) 工件多进单出； (2) 依据 BOM，当全部工件齐套后才能进行装配； (3) 支持混流装配，即不同时段装配不同的产品	编号、名称、路径和组； 坐标位置、基本尺寸； 当前状态； 工人需求(类型、数量)； 资源需求(类型、数量)； 装配时间(确定/随机)； 装配部件类型及 BOM； 故障特征与维修特征； 当前工件列表； 进出历史工件数量； 工作日历	自动装配工位、 人工装配工位、 焊接工位、 包装工位、 ……
拆卸站	(1) 工件单进多出； (2) 支持混流拆卸，即不同时段拆卸不同产品	编号、名称、路径和组； 坐标位置、基本尺寸； 当前状态； 工人需求(类型、数量)； 资源需求(类型、数量)； 拆卸时间(确定/随机)； 拆卸部件类型及 BOM； 故障特征与维修特征； 当前工件列表； 进出历史工件数量； 工作日历	拆卸工位

(1) 标识属性：编号、名称、路径和组。路径表示该设施所在组的位置索引，比如"机加工车间.小件加工区.A 线"，每个设施在组内拥有唯一编号。

(2) 几何属性，即坐标位置、基本尺寸。

（3）工作单元数，默认为1，如果单元数大于1，称为并行机器。

（4）缓冲区容量，即设备分为带缓冲区和不带缓冲区两种类型，如果不带缓冲区，一般会单独设置设备的前置缓冲区。

（5）当前状态，包括等待（waiting）、准备（setting up）、工作中（working）、故障（failed）、阻塞（blocked）、计划外（unplanned）等。

（6）工人需求，即设备执行作业时需要的工人类型及数量，只有工人就绪，才能开工。

（7）资源需求，即设备执行作业时需要的资源，比如工具、工装等，只有资源就绪，才能开工。

（8）准备时间，即设备进行装夹等准备工作所需的时间，可以是确定数，也可以是随机数。

（9）处理时间，即设备执行加工等作业所需的时间，可以是确定数，也可以是随机数。

（10）故障特征与维修特征，即设备的故障间隔时间、维修时间、维修所需资源和工人等。

（11）当前工件列表，即当前时刻设备中的工件清单，包括在处理、待处理、已处理待离开等多种类型，仿真过程中该列表动态变化。

（12）进出的历史工件数量，即截至当前时刻，进入和离开设备的工件数量。

（13）工作日历，包括工作日、工作时段、计划停机时段等信息。

2.2.2　物流设施对象

生产系统中常见的物流活动包括在制工件的临时存放（缓冲区）、长期存放（仓库）、物流运输（传送线、车辆等）、机器上下料、工人搬运、资源配送等。物流活动多为非增值活动，在工件生产周期内的时间占比很大，可能多达70%～80%，因此，物流建模、分析与优化的意义重大，极受企业关注。物流设施种类很多，根据其特点，可抽象出其典型物流设施对象，见表2-2。

表2-2　物流设施

种　　类	特　　点	基本属性	示　　例
缓冲区	（1）临时存放多个工件； （2）达到最大容量后，不能再进入工件； （3）工件按离开规则有序离开缓冲区	编号、名称、路径和组； 坐标位置、基本尺寸； 缓冲区容量（默认不限容量）； 离开规则（先进先出、后进先出、按优先级等）；	设备前后缓冲区、中转区、 ……

种　类	特　点	基 本 属 性	示　例
缓冲区		最短停留时间(确定/随机); 当前工件列表; 进出历史工件数量; 工作日历	
入口和 出口	(1) 这是两个特殊的缓冲区,工件一般在入口处产生并投入系统,工件进入出口后,视为离开系统,其仿真生命周期结束; (2) 有时候,入口和出口是逻辑对象,不代表任何物理实体,仅表示工件的产生和结束	编号、名称、路径和组; 坐标位置; 缓冲区容量(默认不限容量); 离开规则(先进先出、后进先出、按优先级等); 最短停留时间(确定/随机); 当前工件列表; 进出历史工件数量; 工作日历	车间入口缓冲区、车间出口缓冲区
仓库	(1) 较长时间存放零部件; (2) 工件进入仓库后,其仿真生命周期结束; (3) 接到出库指令后,如果库存足够,则创建出库工件,同时更新库存	编号、名称、路径和组; 坐标位置、基本尺寸; 未处理任务列表; 已完成任务列表; 出入库时长(与机器人移动速度、抓取和放置时间等相关); 任务调度规则(先进先出、后进先出、按优先级等); 库存工件清单、库位及数量; 进出库的历史工件数量; 工作日历	自动化立体仓库、普通仓库
物流小车类设施	(1) 由物流站点、站点连线、物流路径等构成; (2) 给定配送起止站点,可按规定路径运输,也可自动寻找最优路径运输; (3) 调度系统(属于逻辑对象)依据调度规则,实现多小车、多任务的动态调度	编号、名称、路径和组; 站点位置(x, y 坐标); 路径长度(m); 路线单向/双向; 小车数量; 运行速度(m/s); 装、卸时间(确定/随机); 未处理任务列表; 已完成任务列表; 任务调度规则(先进先出、后进先出、按优先级等); 工作日历	AGV 系统、 叉车、 卡车、 ……

续表

种 类	特 点	基 本 属 性	示 例
天车类设施	(1) 实现物料的空中运输,由天车轨道、吊臂等构成; (2) 仅能运输可达范围内的工件(工件位置在天车运行区间的底部); (3) 调度系统(属于逻辑对象)依据调度规则,完成多吊臂、多任务的动态调度	编号、名称、路径和组; 坐标位置; 轨道长度(m); 吊臂数量; 运行速度(m/s); 装、卸时间(确定/随机); 未处理任务列表; 已完成任务列表; 任务调度规则(先进先出、后进先出、按优先级等); 工作日历	普通行车、 空中吊挂运输系统、 ……
装卸器	(1) 实现工件上下料作业; (2) 调度系统(属于逻辑对象)依据调度规则,完成多单元、多任务的动态调度	编号、名称、路径和组; 坐标位置; 单元数量; 响应时间(确定/随机); 服务时间(确定/随机); 未处理任务列表; 已完成任务列表; 任务调度规则(先进先出、后进先出、按优先级等); 工作日历	机械手、 机器人、 上下料工装、 ……
传送线	(1) 实现工件自动输送; (2) 直线或多折线(L 形、U 形等); (3) 工件可从任意站点进入,并从任意站点离开,离开传送线后可以再次进入	编号、名称、路径和组; 坐标位置; 长度(m); 宽度(m); 运输速度(m/s); 站点及位置; 当前工件列表; 进出工件数量; 工作日历	皮带机、 链板机、 滚筒机、 ……
有轨小车类设施	(1) 车辆/机械手/机器人沿轨道移动,完成工件转序、多台设备上下料等作业; (2) 调度系统(属于逻辑对象)依据调度规则,完成多单元、多任务的动态调度	编号、名称、路径和组; 坐标位置; 长度(m); 宽度(m); 运输速度(m/s); 站点及位置; 装、卸时间(确定/随机); 未处理任务列表; 已完成任务列表; 任务调度规则(先进先出、后进先出、按优先级等); 工作日历	有轨制导车辆(rail guided vehicle,RGV)系统、桁架机器人

续表

种　　类	特　　点	基 本 属 性	示　　例
工人和资源类设施	(1) 由工人池、资源池、工人步行道、资源运输路线、工作场所、资源场所等构成； (2) 运输或行进路径包括：工人从工人池往返工作场所、工人从一个工作场所行走到另一个工作场所、资源从资源池往返资源场所； (3) 调度系统（属于逻辑对象）依据调度规则，完成资源调配	编号、名称、路径和组； 工人池/资源池的位置（x,y坐标）； 步行道轨迹； 资源运输路线轨迹； 工人类型及数量； 资源类型及数量； 运行速度（m/s）； 装、卸时间（确定/随机）； 未处理任务列表； 已完成任务列表； 任务调度规则（先进先出、后进先出、按优先级）； 工作日历	工人搬运， 工人加工、装配、检测等作业， 工人维修作业， 工具类资源的运输， ……

2.2.3　工件对象

工件（part）对象是基本的生产对象，其类型一般包括毛坯，原材料，自制加工零件，购置的配套零件、部件和成品等。与生产设施、物流设施等永久对象不同，工件对象是临时对象，仿真运行时，仿真引擎根据生产任务安排，于特定时间在特定的位置创建工件对象，并开启工件的生命周期，工件随即在生产系统中流转并进行各种工序作业，当全部工序完成后，工件进入终止位置，生命周期终止。

工件对象的基本属性包括：

（1）编号、名称、路径和组、工件类型等。在仿真系统中，工件的编号一般是自动流水号，工件类型允许自定义，它决定了工件的作业任务和流向，不同类型的工件可以有不同的形状和显示颜色。

（2）状态及停留时长。工件有 5 种基本的状态：等待（Waiting）、工作（Working）、移动（Moving）、计划外（UnPlanned）、终止（Finished）。当工件在缓冲区中排队时，处于"等待"状态，当工件进入设备后，变为"工作"状态，当工件进入传送线、AGV 等物流设施后，变为"移动"状态，当仿真系统进入非工作时段后，工件变为"计划外"状态，当工件生产任务结束时，变为"终止"状态。仿真结束后，通过对上述状态的停留时长的统计，可以精确得到工件的有效工作时长占比。

（3）创建位置和创建时间。工件的创建位置通常包括系统入口、仓库出口、装配站、拆卸站等，其中"系统入口"是一个物理或逻辑对象，依据生产订单自动创建待加工工件，"仓库出口"根据配送指令，创建出库的零配件，"装配站"创建装配好的部件或产品，"拆卸站"创建拆卸后的工件。

（4）终止位置和终止时间。工件的终止位置通常包括系统出口、仓库入口、装配站、拆卸站等，其中"系统出口"是一个物理或逻辑对象，工件进入出口意味着不再流转，同样，在"仓库入口"接收入库后的工件，在"装配站"完成装配后的工件，在"拆卸站"拆装后的工件也都不存在了。

（5）当前位置、前驱位置、后继位置。当前位置是指工件当前所处的生产设施对象或物流设施对象，前驱位置和后继位置分别指前一位置和后一位置。随着工件的流转，这三个位置在不断发生变化。

（6）进入时间、处理时长、最早可离开时间。工件最早可离开当前位置的时间＝进入时间＋处理时长。注意，仿真时钟到达最早可离开时间并不意味着工件就可以马上离开当前位置了，工件何时能离开还要看物流设施的就绪情况、后继位置的空闲情况等。比如，工件在某设备上加工需要 10min，则自工件进入设备到满10min，工件不能离开该设备，10min 之后，如果工件的后继位置允许进入，并且物流设施已就绪，则工件马上离开该设备；如果条件不满足，则工件继续等待，同时设备进入阻塞（blocked）状态。

2.2.4　资源对象

资源对象是生产系统中重要的辅助对象，生产与物流过程都离不开资源的支持，比如物流运输需要车辆、装配和维修作业需要工人、加工作业需要工装和刀具、生产线传输需要托盘等。常见的资源类型包括：

（1）物流运输类资源，比如 AGV 小车、天车等。

（2）承载类资源，比如托盘、装夹工装等。

（3）工人，如操作工人、维修工人、运输工人等类型。

（4）辅助类资源，比如刀具、检具等。

在资源建模时，其主要关注点在于：

（1）资源调度。资源多是共享的，须定义资源的调度机制，当多任务请求资源时，确定资源服务的顺序。

（2）时间。从呼叫资源到资源就绪需要一定的时间，该时间的长短取决于资源忙闲状态、排队任务数、资源移动时长、资源需求数量等；同样，从资源被占用到资源释放也需要时间。这些时间可能是确定的，也可能是随机的。

（3）资源的独占、非独占和死锁。资源的占用可能是排他的（独占）也可能是可共享的（非独占），具体采取哪种策略取决于实际场景，如果资源是独占的，有可能出现资源死锁的情况，在建模时要避免。

（4）状态及停留时长。资源有 5 种基本的状态：等待、工作、负载移动、空载移动、计划外，其含义和工件对象基本类似，区别在于资源的"移动"状态细分为负载移动和空载移动，因为无论是托盘、小车、工人都有负载和空载的区分。通过对资源状态时长的统计,可以计算出资源利用率。

2.2.5　逻辑对象

上述四类对象一般与具体的物理实体对应("入口"和"出口"对象比较特殊,有时候它们也是逻辑对象),逻辑对象则不对应任何物理实体。在生产系统仿真建模时,存在大量的逻辑对象,比如 AGV 调度系统、工人调度系统、资源调度系统、脚本方法、触发器、图表对象、实验设计对象、分析工具对象、通信对象等,它们需要在仿真系统中进行定义并设置其属性。

逻辑对象同样存在编号、名称、路径和组等标识属性,但与物理对象不同,逻辑对象不存在几何属性,在模型区的放置位置不重要,一般也不存在状态属性。

2.2.6　对象建模示例

图 2-2 是一个对象建模示例,基于 FactorySimulation 软件而构建,它描述的是一个加工装配混合车间的仿真模型。该车间长 46m、宽 22m,包含 4 个区域:加工区 1、加工区 2、装配区和存储区,如图 2-2 中虚线所示。对象模型的构成如下:

(1)生产设施对象。加工区 1 有 2 台加工设备;加工区 2 有 5 台加工设备;装配区有 5 台装配站。

(2)物流设施对象。加工区 1 有 2 个缓冲区和 1 套 RGV 系统,RGV 为 2 台加工设备提供上下料服务;加工区有 2 个缓冲区和 1 条传送线,传送线有 5 个加工工位,分别对应 5 台加工设备;装配区有 2 个缓冲区和 1 条传送线,传送线有 5 个装配工位,分别对应 5 台装配站;存储区有 1 个立体仓库;车间配备 1 套 AGV 系统,AGV 路线如图 2-2 中粗线所示,含 10 个停靠站点,连接了 4 个区域,共有 2 台 AGV。

(3)工件对象。毛坯件从入口处进入系统,共有 20 类毛坯件,先在加工区 1 和加工区 2 内进行加工,加工好的成品工件在装配区进行装配,所需零配件存放在立体仓库中,共 150 类工件,最终装配得到 20 类产品;假定仿真周期内 20 类产品各生产 100 套,每套产品自制品 1 个、零配件 150 个,则仿真过程中工件对象总和=自制件总和+零配件总和+产成品总和=($20 \times 100 \times 1 + 20 \times 100 \times 150 + 20 \times 100 \times 1$)=304000 个。

(4)资源对象。车间有 20 名工人,其中机加工 5 人、装配工 10 人、物流工 5 人。工人的工作站点分布在各个区域,步行路线如图 2-2 中细线所示。

(5)逻辑对象。入口、出口和 AGV 系统是逻辑对象,其中在入口产生工件,在出口汇集完工工件,AGV 系统实现 AGV 的调度,另外还有若干脚本方法对象(图 2-2 中未显示),通过它们可实现生产控制逻辑。

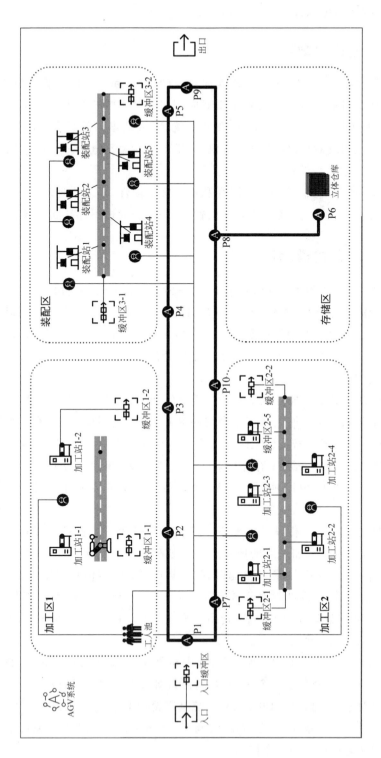

图 2-2　生产系统对象模型示例

2.3　数据建模

数据是仿真模型的灵魂,将对象属性数据、生产基础数据、仿真输入/输出数据、仿真过程数据等进行规范化表达,并在仿真模型中进行定义,称为数据建模(Data Modeling)。

数据模型的内涵如图 2-3 所示。

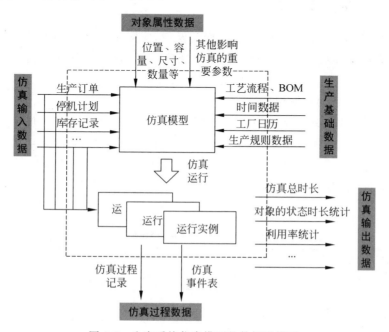

图 2-3　生产系统仿真模型的数据子模型

2.3.1　对象属性数据

在对象建模时,每个对象具有若干私有属性,这些属性的取值称为属性数据,比如:

(1) 对象的物理坐标位置。

(2) 对象的编号、名称、路径、类型、关键参数。

(3) 对象的显示参数(比如图像、屏幕坐标、颜色、边框、线型、文字等)。

(4) 设备的故障特征(失效模式、故障间隔时间、故障修复时间等)。

(5) 缓冲区的最大容量、最短停留时间。

(6) 传送线的长度、运行速度、工位站点数量及位置分布。

(7) AGV 的数量、运行速度、装/卸时长。

(8) 工人的类型、数量。

　　有些属性数据是固定不变的,比如传送线长度,另外一些属性数据则可以动态调整,比如 AGV 的数量、工人数量等,需要综合考虑成本、效率等因素,通过仿真实验或仿真优化手段来确定最优值。

　　在绝大多数生产系统仿真软件中,除了系统默认的对象属性数据外,一般允许用户自定义对象属性和模型全局属性,从而实现功能的扩充,比如针对一般设备对象,用户可以自定义单位能耗、单位运行成本等属性数据。

2.3.2　生产基础数据

　　仿真模型的运行是对实际生产过程的模拟,实际生产运行离不开大量基础数据的支持,这些数据在仿真模型中也需要准确定义,否则模型的运行将背离生产实际。

　　常见的生产基础数据包括:

　　(1) 工艺流程(process)数据。工件从投产到完工的生产路线规定了工件加工、装配等工艺包括哪些工序,分别在什么设备上完成,需要的工装、工具、工人、物流设施等。表 2-3 是某工件的工艺流程数据示例,可以看出该工件共有 12 道工序,分别在不同区域内的设备上完成,每道工序又包含若干工步,加工时间数据已给出。

表 2-3　工艺流程数据示例

加工前 工件编号	加工后 工件编号	工件 名称	工序 号	工序 数	工序 内容	工时	设备	区域	工步	时长/h
PA80048096CB __01Z_H	PA80048096C B __01Z	空气供 气管	1	12	冷作	3	Y1	E1	1	0.167
									2	1.000
					0				3	1.666
									4	0.167
			2		焊接	4	YHH	E1	1	0.167
									2	0.500
									3	0.833
									4	1.000
									5	0.500
									6	0.833
									7	0.167
			3		修磨	2	Y1	E1	1	0.167
									2	1.666
									3	0.167
			4		探伤	1	Y1	E1	1	0.167
									2	0.666
									3	0.167

续表

加工前工件编号	加工后工件编号	工件名称	工序号	工序数	工序内容	工时	设备	区域	工步	时长/h
			5		校正	1	Y1	E1	1	0.167
									2	0.666
									3	0.167
			6		划	1	HXPT	D1	1	0.167
									2	0.666
									3	0.167
			7		车	5	WC30	D1	1	0.167
									2	4.666
									3	0.167
			8		磨	2	WNM	D1	1	0.167
									2	1.666
									3	0.167
			9		镀硬铬	3	WX	WX		3.000
			10		车	3	WC30	D1	1	0.167
									2	2.666
									3	0.167
			11		磨	2	WNM	D1	1	0.167
									2	1.666
									3	0.167
			12		钳	1	GW3	A2	1	0.167
									2	0.666
									3	0.167

（2）BOM 数据。产品、部件或零件的结构规定了该零部件包含哪些子部件、零件或毛坯件，分别来源于哪些仓库或缓冲区。

（3）时间数据。时间数据包括加工时间、装配时间、准备时间、装卸时间、运输时间、等待时间等。这些时间数据可以是确定数（比如汽车流水线的节拍时间），更多情况则是不确定数据，造成不确定的原因有两个：一是由于基础数据不齐全或测量不规范，对于某些时间缺乏精确的统计数据；二是客观上数据存在波动，比如装配时间，不同工人之间肯定有差异。如果数据本质上是不确定的，强行转换为确定数（比如平均值）并不合理，最好的选择是采用随机数来描述这些时间，比如正态分布或三角分布随机数，只需粗略给出均值、标准差、上下界限等参数即可。

（4）工厂日历数据。工厂日历数据定义了每周的工作日（比如一周工作 6 天）、每天的工作时段（比如上午 8:00—12:00，下午 2:00—6:00）、国家节假日等信息。不同的设备可以采用不同的工厂日历，比如某些关键设备，7×24 小时工作，而其他设备，则一周工作 6 天，每天 8 小时。

（5）针对生产异常的预估数据。生产过程中不可避免地会出现各种异常，比如设备故障、质量缺陷与返工、工作超时等。在仿真建模时,如果忽略这些异常因素的影响,仿真结果和实际运行将存在较大差异。因此,在建模时要把这些因素考虑进去,生产异常一般通过随机数进行模拟,比如设备故障间隔时间,可假定服从某参数特征的威布尔分布,质量异常则可通过缺陷率进行模拟。

(6) 生产策略或生产规则数据。实际生产运行调度都包含大量的策略或规则,比如某些工件只能是大吨位的天车才能运输、AGV 小车一次运输 10 个工件、工件需按特定规则离开缓冲区、某热处理设备必须一批 10 个零件一起处理等。如果规则是不可改变的,则需要在数据模型中进行定义,对于动态可变规则,则往往要通过仿真实验等手段进行寻优。

2.3.3 仿真输入数据

生产订单(production order)是仿真模型最重要的输入数据,没有生产订单的输入,仿真模型无法运行。在订单中定义了工件(或任务)的投入时间、投入批次和数量、投入时间间隔、期望完成时间、优先级等基本信息。

生产订单的定义形式主要有两种:

(1) 订单表格。类似于生产计划,以表格形式给定每个工件的投入时间和数量。

表 2-4 的生产订单表格中显示,在 0 时刻、第 5 分钟(5:0)、第 15 分钟(15:0)和第 30 分钟(30:0),分别投入 10 个 A、30 个 B、15 个 C 和 20 个 A,其中 C 的优先级很高(999),需要优先处理。

表 2-4　生产订单表格示例

投　入　时　刻	工　件　类　型	数　　量	优　先　级
0	A	10	0
5:0	B	30	0
15:0	C	15	999
30:0	A	20	0

(2) 依据给定规律动态生成的订单。有时候无法给出订单表格,但根据历史统计,订单的到达具有一定的规律性,比如,某车间生产三类产品,根据历史统计,三类产品的比例分别为 30%、50% 和 20%,每天订单的到达具有明显的时间段差异,且每时段订单的到达是泊松过程:每天工作 8 小时,从开始到第 1 小时,$\lambda =$ 150,第 1 到第 3 小时,泊松流 $\lambda = 40$,第 3 到第 5 小时,泊松流 $\lambda = 120$,第 5 到第 8 小时,泊松流 $\lambda = 36$。基于以上规律,仿真系统可以动态产生订单,符合实际的订单则到达规律。

除生产订单外,仿真输入数据通常还包括仓库的初始库存、缓冲区中的初始工件对象、设备停机与维护计划、仿真开始时设备的未完工任务等。

2.3.4　仿真过程数据

在仿真模型运行过程中,仿真引擎自动产生如下两类数据:

(1) 仿真过程记录数据。仿真过程记录了每个对象的每一个事件的实际发生时刻,以及该时刻的对象状态(比如正处理的工件、缓冲区数量等)。图 2-4 是一个仿真模型示例,该生产系统包含 2 个缓冲区和 2 台设备,0 时刻在入口投入 1 个工件,随即进入缓冲区 1,停留 30s 后进入设备 1 加工,2min 完成进入缓冲区 2,停留 1min 后进入设备 2 加工,5min 后完工并进入出口。

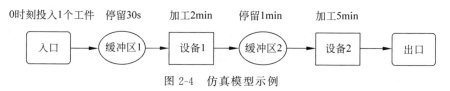

图 2-4　仿真模型示例

表 2-5 显示了图 2-4 模型的仿真过程记录的部分列数据,表中详细记录了每一步的操作位置和时间。如果仿真模型比较复杂,仿真过程记录表可能包含多达上千万条数据,这些数据是后续统计分析的基础数据。

表 2-5　图 2-4 模型的仿真过程记录的部分数据列

物流对象	对象类型	工件编号	工件类型	事件类型	发生时刻
入口 1(入口)	入口	1000001	零件	创建	0
入口 1(入口)	入口	1000001	零件	离开	0
缓冲区 1(缓冲区)	缓冲区	1000001	零件	进入	0
缓冲区 1(缓冲区)	缓冲区	1000001	零件	离开	30
设备 1(设备)	设备	1000001	零件	进入	30
设备 1(设备)	设备	1000001	零件	安排	30
设备 1(设备)	设备	1000001	零件	加工	30
设备 1(设备)	设备	1000001	零件	完工	2:30
设备 1(设备)	设备	1000001	零件	离开	2:30
缓冲区 2(缓冲区)	缓冲区	1000001	零件	进入	2:30
缓冲区 2(缓冲区)	缓冲区	1000001	零件	离开	3:30
设备 2(设备)	设备	1000001	零件	进入	3:30
设备 2(设备)	设备	1000001	零件	安排	3:30
设备 2(设备)	设备	1000001	零件	加工	3:30
设备 2(设备)	设备	1000001	零件	完工	8:30
设备 2(设备)	设备	1000001	零件	离开	8:30
出口 1(出口)	出口	1000001	零件	进入	8:30

(2) 仿真事件表。在仿真运行过程中,将不断产生新的事件并根据这些事件来触发新的操作,所有产生的事件信息自动记录在仿真事件表中,将在第 3 章做详

细介绍。

2.3.5 仿真输出数据

仿真输出数据包括两大类：

（1）仿真引擎自动输出的数据。仿真结束后，仿真引擎自动输出的数据通常包括：

① 仿真总时长；

② 有效工作时长（仿真总时长减去工作日历以外的时间）；

③ 设备/资源/工件的状态时长统计（比如总工作时长和总等待时长）；

④ 设备/资源利用率（即工作时长占比）；

⑤ 工件通过时长及时间分布（通过时长＝完工时间－投产时间，包含工作、等待、运输等时间）；

⑥ 缓冲区最多工件数、平均工件数及工件数量变化趋势；

⑦ 工人行走总距离、服务次数；

⑧ 物流运输总距离、AGV 服务次数；等等。

（2）用户自定义的输出数据。比如，用户关心生产系统中某条生产线 1 天的实际产能，可以通过自定义脚本统计出该数据并输出。

2.4　活动建模

对象模型和数据模型所描述的只是仿真模型的静态结构部分，要让生产系统仿真模型最终能够动起来，还必须进行活动建模（activity modeling）。活动建模的基本目的是定义仿真系统中的各类活动，描述活动的执行逻辑，建立“对象—对象”“对象—数据”的动态联系，为仿真运行时的各类活动提供执行脚本。

在 1.2.2 节中介绍了操作的概念，按照逻辑规则，将多个对象在先后时刻发生的多个原子操作连接起来，就形成了活动。

2.4.1 生产活动

生产活动是生产系统的基本活动，生产活动的执行以生产订单为基本驱动，以订单工件的工艺流程为基本约束，按照生产工序依次推进工件的生产。在生产活动执行过程中，还需要考虑设备可用能力、工厂日历、资源/工人就绪状态、物流调度、质量异常、设备故障、停机计划等诸多因素，是一个非常复杂的过程。

通过连接线（connector）来定义生产活动顺序是最简单的方式，如图 2-5 所示，入口位置依据订单表，每间隔 1min 产生 1 个工件 A，共 10 次。工件 A 沿连接线，先进入缓冲区 1 等待,一旦 3 台并行设备(设备 1-1、设备 1-2 和设备 1-3)中有 1 台空闲,就进入该设备加工,加工时间 5min,完成后进入缓冲区 2 等待,当设备 2 空闲后再进入加工,加工时间 8min,最后流入出口,工件生产任务完成。

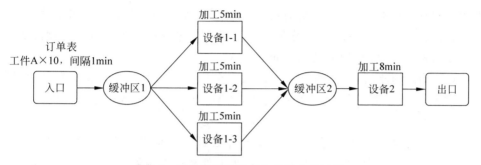

图 2-5 通过连接线定义生产活动的示例

然而,连接线只能定义非常简单的活动,在图 2-5 中,如果订单表包括 3 类工件 A、B、C,A 工件在设备 1-1 上加工,时间为 5min,B 工件在设备 1-2 上加工,时间为 6min,C 工件在设备 1-3 上加工,时间为 10min,在设备 2 上加工时,3 类工件的加工时间分别为 4min、8min、5min,显然,通过连接线难以描述该生产活动,需要通过下面的控制逻辑来定义活动。

如图 2-6 所示,在工件离开缓冲区 1 之前,将执行预定义的"路由控制逻辑",依据工件类型确定目的位置,当工件进入设备后,读取"加工时间表",正确设置工件的加工时间。

图 2-6 只是一个很简单的例子,对于复杂的仿真模型,通常有大量的生产活动逻辑需要定义,仿真软件一般也都提供了脚本定义功能,用户通过自定义脚本来实现灵活的生产活动逻辑控制。需要说明的是,活动模型和数据模型是紧密联系的,定义活动逻辑时,需要频繁访问数据模型中的数据。

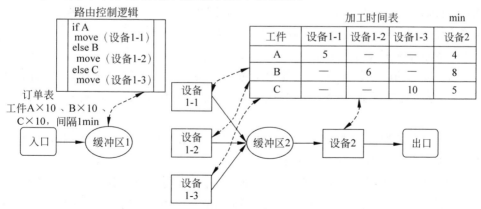

图 2-6 通过控制逻辑定义生产活动的示例

2.4.2　物流活动

在图 2-5 和图 2-6 中,由于没有考虑物流,工件从当前位置对象到下一个位置对象的移动是瞬时发生的,这是简化的处理,实际情况下,需要通过物流设施来实现工件的转序。生产系统中各类在制工件、零配件和成品的流动统称为物流活动。在建模阶段,物流活动的定义包括如下步骤:

(1) 确定物流的方式,即定义工件从一个位置到另外一个位置的移动通过何种方式来实现。常见的物流方式包括 AGV、RGV、天车、叉车、传送线、工人搬运等。

(2) 定义物流呼叫的时机,即定义在什么时候呼叫物流服务。常见的物流呼叫时机包括:①工件进入缓冲区之后;②工件离开设备之前;③到达规定的时间;④仓库接到配送指令,工件已出库;⑤设备发生故障,须将在制工件移走;等等。

(3) 定义物流任务处理策略,即定义物流设施执行物流任务的顺序,物流设施一般是共享资源,如果服务请求数＞当前可用设施数,就需要进行调度,调度的策略包括先来先服务(FIFS)、后来先服务(LIFS)、高优先级先服务等。

(4) 定义物流路径和避让策略。一般情况下,物流任务按照最短距离路径来执行,然而,最短路径是静态的,在运输过程中,如果物流车辆的碰撞不能忽略,则必须考虑避让策略,这时候,物流路径的选择就是动态生成的。

2.4.3　资源活动

在 2.2.4 节中,建立了资源对象模型,资源的呼叫、使用和释放则需要通过资源活动模型来定义。仿真开始前,所有资源一般初始位于资源池和工人池中,仿真开始后,随着生产活动和物流活动的开展,生产对象和物流对象不断呼叫资源服务,在资源调度系统的控制下,资源离开资源池和工人池,进入工作场所,执行生产和物流任务,任务完成后返回资源池和工人池。

资源活动包括如下子活动:

(1) 资源的呼叫。比如某设备加工过程需要工装和工具等资源,当工件任务到达后,呼叫资源服务,设备处于"准备"状态,在资源就绪之后,设备状态变为"工作中"。

(2) 资源的调度。当"资源请求数＞可用资源数"时,需要进行资源调度,资源调度策略和物流设施的任务调度策略类似。

(3) 资源的使用与释放。默认情况下,资源的占用时长和任务处理时长相同,比如工件加工需要 10min,作业工人也占用 10min,也可以单独设置资源的占用时长,比如工件加工 10min,作业工人只占用 3min。

2.4.4　维修活动

生产系统中存在两类维修策略：一类是故障维修，另一类是主动维修。前者是当故障发生后，才被动进行维修，后者是先制订维修计划，可能是定期维修，也可能是视情维修，到达维修时刻即启动维修。两类维修策略对应两类维修活动。

维修活动包括如下子活动：

（1）设备停机和任务转移。如果处于工作状态的设备突发故障，可能需要将在制工件转移到其他设备上，这时就需要执行任务转移活动。

（2）呼叫维修资源见 2.4.3 节。

（3）维修结束和任务重启。如果故障前设备有未完工任务，并且该任务未曾转移，就需要重启任务，这又涉及工人呼叫等一系列活动。

2.4.5　其他活动

除了上述几类活动外，可能还存在一些其他活动，比如质检活动（随机抽取一些工件进行质检）、缺陷工件的返工/返修活动等，也需要在活动建模阶段来定义。

第3章

生产系统仿真引擎

"引擎"(engine)一词来自发动机,引擎是汽车等系统的动力来源。与之类似,仿真引擎(simulation engine)也是让仿真模型模拟实际生产系统运转的动力源。本章从仿真软件的实现角度出发,介绍了生产系统仿真引擎的基本实现框架,阐述了离散事件基础仿真引擎的实现原理,并讨论了仿真动画和数据显示引擎、脚本解析执行引擎两个关键支持技术。

3.1 生产系统仿真引擎的基本实现框架

仿真引擎是生产系统仿真软件的技术核心,它负责读入并解释生产系统仿真模型,按照模型预定义的逻辑结构和活动规则驱动仿真过程运行,不断读取仿真基础数据、产生新事件、解析脚本逻辑、执行操作动作、改变对象状态、刷新仿真动画、记录仿真数据、统计运行指标,直至仿真运行结束,输出仿真结果。

一般情况下,一旦启动仿真,仿真引擎能够自主工作,仿真过程的演化历史通过动画或者动态数据图表展现出来。特殊情况下,也可以通过人机交互和预定义规则相结合的方式来驱动仿真过程,甚至可以通过生产实际数据的变化来驱动仿真运行,从而实现数字孪生(digital twin,DT)。

图 3-1 是生产系统仿真引擎的基本实现框架。生产系统仿真引擎的构成及其基本功能如下:

(1)离散事件基础仿真引擎。依据离散事件仿真原理,结合生产系统仿真的特点,实现事件驱动、状态变迁、任务调度、随机时间的模拟等功能。它以仿真定义模型为基础,提供了一整套仿真控制逻辑,内置有基本的调度方法,同时也支持用户自定义脚本程序的调用,从而动态扩展仿真系统的功能,以满足实际复杂多变的仿真业务需求。

(2)脚本解析执行引擎。自定义脚本功能增强了仿真引擎的灵活性、极大地提升了仿真系统的建模和分析能力。各种事件处理的前后置操作、自定义调度规则、特殊的路由控制、仿真优化算法、数据分析与机器学习算法、数据读取与结果输出等一般由自定义脚本来实现,仿真过程中,脚本的解析、编译、动态加载、数据注入、自动执行、结果输出等依赖于脚本解析执行引擎。

（3）仿真动画和数据显示引擎。如果特别注重仿真分析和优化的执行速度，仿真引擎可以在后台运行，快速完成较长物理时间、大量数据的仿真并得到仿真结果；如果对仿真过程的可视化有较高的要求，则需要仿真动画和数据显示引擎的支持。仿真过程的主要可视化形式为二维动画、三维动画、数据图表。仿真软件一般同时支持这三种形式。

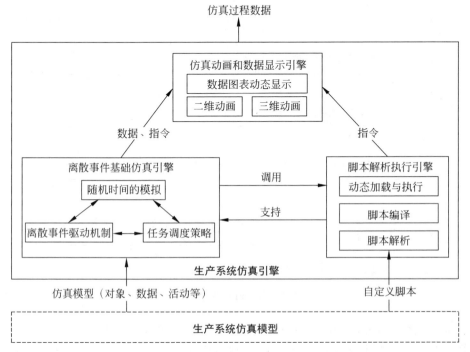

图 3-1　生产系统仿真引擎的基本实现框架

3.2　离散事件基础仿真引擎

在第 1 章中简要介绍了离散事件仿真的基本方法，包括事件调度法、活动扫描法、进程交互法、三阶段法。下面结合生产系统仿真的特点，从离散事件基础仿真引擎的实现角度出发，介绍其基本原理。

3.2.1　基本概念

1. 仿真时钟和系统时钟

在离散事件仿真系统中，仿真时钟（也称仿真钟）表示仿真时间的变化，用于模拟物理系统的时间值，它由一连串的离散时刻点构成。每个事件的发生和处理在某个时刻点完成,该时刻点称为仿真时钟的一个停留点。如图 3-2 所示,从仿真开始的 0 时刻到仿真结束的 n 时刻,仿真时钟离散、跳跃式推进,每次自动推进到相邻的下一停留时刻点进行事件的检查和处理,仿真周期内共有 $n+1$ 个停留时刻点。每个时刻点的仿真时钟数值必须和物理系统的时间值一致,比如,某工件"离开缓冲区事件"是在物理时间的第 1 小时发生的,则对应的仿真时钟也是第 1 小时,否则仿真过程就会出现错误。

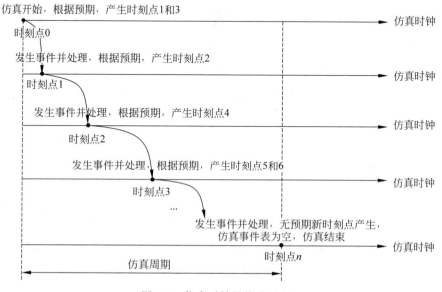

图 3-2 仿真时钟的推进过程

仿真时钟的数值显示有两种格式,一种是相对时间格式,即相对于仿真开始时刻的时间,格式通常为"天:时:分:秒.毫秒",比如"3:12:36:40.125",表示当前时钟相对于仿真开始时刻为:3 天 12 小时 36 分钟 40 秒 125 毫秒;另一种是绝对时间格式,格式为"年-月-日 时:分:秒.毫秒",比如"2021-11-25 8:15:40.300"表示当前仿真时钟是 2021 年 11 月 25 日上午 8 点 15 分 40 秒 300 毫秒。仿真时钟可以在这两种格式之间进行时间切换,"相对时间格式"更为简洁,但如果要考虑工厂日历、维修计划等因素,则必须采用"绝对时间格式"。

另一个时钟是系统时钟,即电脑里的时钟,仿真周期对应的系统时钟值反映了仿真速度的快慢。系统时钟值通常远远小于仿真时钟值,比如,1 个月生产过程的仿真可能在几秒钟的系统时钟内就可以完成。一般来说,为了满足仿真分析与优化的性能需求,同样一个仿真任务,系统时钟越短越好。影响系统时钟快慢的因素有:

(1) 是否开启动画,如果开启,则系统时钟变长,仿真速度明显变慢。

(2) 动画的刷新频率设置。

(3) 是否开启仿真过程数据记录,大量的数据存取会降低仿真速度。

(4) 仿真引擎的性能。

2. 状态集、事件集和操作集

第 2 章中介绍了生产系统仿真模型中的五大类对象，其中，生产设施对象和物流设施对象有各自的状态集、事件集和操作集，见表 3-1。

表 3-1　对象的状态集、事件集和操作集

对　象	状　态　集	事　件　集	操作集（即事件处理逻辑）
一般设备、装配站、拆卸站	等待、准备、工作中、故障、阻塞、计划外、结束	工件进入、任务安排、工件加工、完工、工件离开、发生故障、故障修复、计划停机、停机重启、结束仿真	工件进入操作、任务安排操作、工件加工操作、完工操作、工件离开操作、故障操作、维修操作、停机操作、重启操作
缓冲区	等待、阻塞、计划外、结束	工件进入、工件离开、计划停机、停机重启、结束仿真	工件进入操作、工件离开操作、停机操作、重启操作
仓库	工作中、计划外	工件进入、工件离开、结束仿真	入库操作、出库操作
传送线	工作中、故障、计划外、结束	工件进入、工件到达工位站点、工件离开、发生故障、故障修复、计划停机、停机重启、结束仿真	工件进入操作、工件离开操作、工件到达工位站点操作、故障操作、维修操作、停机操作、重启操作
天车、物流小车系统、装卸器、RGV、资源调度系统等	等待、工作、负载移动、空载移动、故障、计划外、结束	开始服务、结束服务、工件离开、发生故障、故障修复、计划停机、停机重启、结束仿真	任务响应操作、工件进入和离开操作、物流设施到达站点和离开站点操作、故障和维修操作
入口	等待、计划外、结束	工件创建、工件离开、结束仿真	工件创建操作、工件离开操作
出口	等待、计划外、结束	工件进入、结束仿真	工件进入操作

以设备为例，它有如下 7 种状态：

（1）等待（waiting），即设备处于工作时段，但空闲。

（2）准备（setting up），即有工件进入设备，但资源未就绪，或者还在装夹中，设备尚未正式开工。

（3）工作中（working），即设备正在加工过程中。

（4）故障（failed），即设备处于工作时段，且发生故障，无法正常工作。

（5）阻塞（blocked），即设备加工任务已完成，但物流未就绪，或者后继不允许进入，工件未离开，设备无法接受新任务。

（6）计划外（unplanned），即设备处于非工作时段（下班时间、节假日或计划维修时间）。

（7）结束（finished），即仿真结束。

仿真引擎运行过程中，设备的状态变迁如图 3-3 所示。

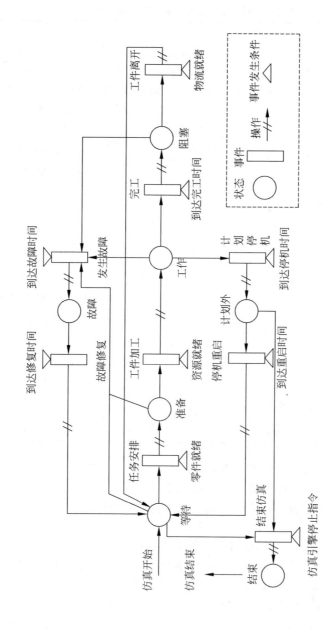

图 3-3 设备的状态变迁图

在图 3-3 中,圆形框表示"状态",矩形框表示"事件",带双斜线的箭头线表示事件处理"操作",三角形框表示"事件发生条件"。仿真开始时,所有设备处于"等待"状态,随着仿真时钟的推进,如果工件就绪,则发生"任务安排"事件,设备变为"准备"状态,启动装夹等操作,并呼叫工人、工具等资源,一旦资源就绪,发生"工件加工"事件,设备变为"工作"状态,"工作"状态的设备可能产生三种事件,即完工、发生故障或者计划停机,如果仿真时钟先到达加工完成时间,则发生"完工"事件,变为"阻塞"状态;如果仿真时钟先到达故障发生时间,则发生"发生故障"事件,变为"故障"状态;如果仿真时钟先到达计划停机时间,比如休息时间或者计划停机维修时间,则发生"计划停机"事件,变为"计划外"状态;处于"阻塞"状态的设备一直维持该状态,直到物流就绪,发生"工件离开"事件,设备才变为"等待"状态,处于"故障"状态的设备,直到发生"故障修复"事件,才变为"等待"状态,处于"计划外"状态的设备,直到发生"停机重启"事件,才变为"等待"状态;如果设备处于"等待"或"计划外"状态,在仿真引擎发出停止指令时,变为"结束"状态。

每个事件能否发生有默认的条件,比如:只有设备处于"故障"状态,才可能发生"故障修复"事件;只有后继对象允许进入,设备的"工件离开"事件才能发生;等等。这些默认条件,在仿真引擎内部已实现,用户也可以通过定义脚本,增加更复杂的判断条件。

事件的发生将激活操作,实现事件的处理,详见表 3-1 的操作集。仿真引擎实现了基本的操作逻辑,比如某设备发生了"工件加工"事件后,仿真引擎将执行"加工操作",计算工件的处理时长,设置"完工"事件的最早发生时间(等于当前时刻＋处理时长),并更新设备状态为"工作"。同样,用户也可以通过定义脚本来增加更为复杂的操作,该逻辑可置于基本操作之前,称为前置操作,也可置于基本操作之后,称为后置操作。

3.　对象事件表(object event list)

仿真运行初始化时,仿真引擎遍历生产系统仿真模型的所有静态对象(即生产设施和物流设施对象),将表 3-1 示例化为对象事件表,见表 3-2,它包括如下属性:

(1) 对象编号,表示仿真模型中一个具体的对象,不能为空。

(2) 事件名称,对应事件集中的一个元素,不能为空。

(3) 事件最早发生时刻,即该事件允许最早发生的时刻,为空表示最早发生时刻暂未知。

(4) 事件发生条件,可以为空。

(5) 前置操作,可以为空。

(6) 事件处理逻辑,不能为空。

(7) 后置操作,可以为空。

仿真运行过程中,仿真引擎不断重复、逐一扫描对象事件表的每一行数据,判断事件是否允许发生,如果是,则触发事件响应操作(包括前置操作、事件处理逻辑和后置操作）。事件表中的"事件最早发生时刻"列数据也不断更新。

在特定时刻,对象事件表中的每个事件能否发生取决于以下条件:

（1）该事件的最早发生时刻（表 3-2 中的第 3 列）不为空,并且当前仿真时钟值大于或等于该时刻值。比如,某设备加工工序最早第 10 分钟完成,则第 10 分钟之前不能发生工件"离开"事件,第 10 分钟及之后可以发生。

（2）满足事件发生条件（表 3-2 中的第 4 列）。除了系统默认的条件外,根据业务需求,用户可自定义复杂的事件发生条件。比如,某工件进入设备加工的事件需满足条件"根据生产调度安排,该工件已到达计划开工时间"才能发生。

如果上述 2 个条件都满足,事件必然发生,则触发事件响应操作。具体过程如下:

（1）如果有用户自定义的前置操作,则先执行该操作,见表 3-2 中的第 5 列。

（2）执行事件处理操作,见表 3-2 中的第 6 列。

（3）如果有用户自定义的后置操作,再执行该操作,见表 3-2 中的第 7 列。

（4）更新对象事件表,即设置该事件的最早发生时刻为空,同时设置其他某些事件的最早发生时刻（在事件处理操作中进行时间计算）。

表 3-2   仿真事件表（示例）

对象编号	事件名称	事件最早发生时刻	事件发生条件	前置操作	事件处理操作	后置操作
设备 1	工件加工	4:30	资源就绪	无	工件加工操作	释放资源
设备 1	完工	4:50	质量正常	无	完工操作	无

并行仿真,
大幅提升
仿真速度

4. 非对象事件表（non-object event list）

仿真引擎要处理的事件除了对象关联事件外,还存在一类与具体对象无关的事件,比如"仿真每运行 1 小时,输出单位时间产量""每隔 20ms,刷新动画显示"等,这类事件称为非对象事件。它们记录在非对象事件表中,包括如下属性:

（1）事件名称。

（2）事件发生时刻。

（3）前置操作。

（4）事件处理操作。

（5）后置操作。

仿真运行过程中,仿真引擎不断重复、逐一扫描非对象事件表的每一行数据,一旦到达事件发生时刻,则执行事件处理操作和前、后置操作,结束后删除该事件记录。在各类事件的处理过程中,也会不断添加新的非对象事件。

5. 仿真生命周期

从仿真开始到仿真结束的时间跨度称为仿真生命周期。

启动仿真一般有两种方式:手工启动仿真和消息触发仿真。

仿真结束一般有三种情况：

（1）无任何事件可处理，仿真自动结束。

（2）到达设定的时间，仿真自动结束。

（3）人工或消息触发仿真结束。

3.2.2　任务调度策略

所谓调度（scheduling），就是在特定时刻，将合适的任务安排给合适的对象来处理，生产系统运行时，调度无处不在。实际生产过程中，调度任务由人或者软件系统（比如 MES 系统）来完成，在生产仿真系统中，调度任务则由仿真引擎依据特定调度规则来完成。常见的任务调度类型包括：

（1）设备当前的加工任务完成后，从前置排队缓冲区中选择下一个加工工件。

（2）工件离开当前位置后，如果存在多个可行后继，须根据规则选择下一个位置，比如，从多台并行设备中选择一台设备来加工该工件。

（3）AGV 调度系统收到 AGV 的运输任务请求后，选择一台 AGV 来服务。

（4）给定 AGV 的起点和终点，选择一条合适的路径运输。

（5）AGV 空闲后，AGV 调度系统给它分配一个新任务。

（6）设备发生故障后，从工人池中安排维修工来处理。

（7）任务呼叫资源时，从资源池中选择合适的资源服务。

一般情况下，仿真引擎支持几种基本的调度规则，比如上述调度类型（1）是经典的 $n/1$ 作业调度问题（从 n 个工件中选择 1 个工件加工），可选的调度规则包括：

（1）FIFS（first in first served），即等待时间最长的工件先加工。

（2）LIFS（last in first served），即等待时间最短的工件先加工。

（3）SPT（shortest processing time），即加工时间最短的工件先加工。

（4）EDD（earliest due date），即交货期最紧的工件先加工。

（5）MWKR（most work remaining），即剩余加工时间最长的工件先加工。

（6）LWKR（least work remaining），即剩余加工时间最短的工件先加工。

（7）MOPNR（most operations remaining），即剩余工序最多的工件先加工。

（8）RANDOM 规则，即随机选择工件加工。

（9）自定义规则，即优先级最高的工件先加工，优先级数值可以根据自定义规则来计算。

图 3-4 是 AGV 调度逻辑示例，图中，圆点表示 AGV 站点（P0，…，P7），箭头线表示 AGV 线段（单向箭头表示单向路径，双向箭头表示双向路径），数字表示距离。某时刻，缓冲区 B1 中有 A、B、C 三个工件（A 最早到、C 最晚到），其中 A 要送至 P4 站点，然后进入缓冲区 B3，B 要送至 P6 站点，然后进入缓冲区 B4，C 要送至 P7 站点，然后进入缓冲区 B2，只有 1 台 AGV，初始位于 P7 站点。按照仿真引擎内置的调度逻辑，遵循先来先服务的原则，并且 AGV 始终沿最短路径运输，AGV 的

服务过程如下：

（1）AGV 空载移动到 P0，路径为 P7→P5→P2→P0。

（2）AGV 在 B1 处装载工件 A，从 P0 运输到 P4，卸载到 B3，路径为 P0→P1→P4。

（3）AGV 空载移动到 P0，路径为 P4→P5→P2→P0。

（4）AGV 在 B1 处装载工件 B，从 P0 运输到 P6，卸载到 B4，路径为 P0→P3→P6。

（5）AGV 空载移动到 P0，路径为 P6→P5→P2→P0。

（6）AGV 在 B1 处装载工件 C，从 P0 运输到 P7，卸载到 B2，路径为 P0→P2→P5→P7。

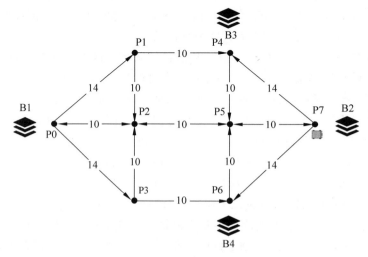

图 3-4　AGV 调度逻辑示例

如果需要更复杂的调度策略，就要自定义调度算法来满足要求，比如生产计划与调度问题，可依据调度算法得到最佳的生产计划方案，仿真引擎按照该计划来安排生产任务。

3.2.3　随机时间的模拟

所谓随机时间的模拟，就是由仿真引擎动态生成符合指定随机分布特征的随机时间数并更新仿真参数。第 1 章介绍了几类常见的随机分布，下面针对生产系统仿真的特点，介绍随机时间的物理含义及其模拟过程。

生产系统模型中存在大量的时间参数，比如设备作业时间、准备时间、运输时间、上下料时间、任务到达时间间隔、故障发生间隔、维修时间等，这些时间参数往往是不确定的，在仿真运行时须进行随机模拟。根据物理意义，可假定：

（1）加工时长、准备时长等服从正态分布：Normal(μ, σ, 下界，上界)，下界和上界均为 0 表示不限界限。比如，Normal(4:0, 30, 3:0, 5:0)表示该时间服从正态分布，均值为 4min，标准差为 30s，最小值为 3min，最大值为 5min。

（2）设备从全新状态到首次发生故障的间隔时长服从威布尔分布：Weibull（β，η，下界，上界），比如 Weibull（1.2，10；0，6；0，12；0）表示 β 系数为 1.2，η 系数为 10min，最小值为 6min，最大值为 12min；威布尔分布的均值 $=\eta\Gamma\left(\dfrac{1}{\beta}+1\right)$，其中 $\Gamma($ $)$ 表示伽马函数，$\Gamma(\alpha)=\displaystyle\int_0^\infty x^{\alpha-1}\mathrm{e}^{-x}\,\mathrm{d}x$，其中 $\alpha>0$，本例的均值等于 9min24s；威布尔分布的故障率 $\lambda(t)=\dfrac{\beta}{\eta}\left(\dfrac{t}{\eta}\right)^{\beta-1}$，当 $\beta<1$ 时，故障率随时间递减，$\beta=1$ 时，故障率恒定，$\beta>1$ 时，故障率递增，威布尔分布非常适合于模拟故障失效。

（3）设备从第 1 次故障到出现 n 次故障所需的时间服从 n 阶埃尔朗分布，埃尔朗分布是伽马分布的一个特例。n 阶埃尔朗分布 Erlang（n，λ）的均值等于 $\dfrac{n}{\lambda}$。

（4）任务到达间隔时间服从指数分布 Exponential（t），比如，Exponential（36）表示间隔时间服从均值 36s 的指数分布。指数分布还可以模拟泊松分布（Poisson distribution），泊松分布 Possion（λ）的参数 λ 是单位时间内随机事件的平均发生次数。根据随机过程理论，当随机事件发生次数服从参数为 λ 的泊松分布时，随机事件的间隔时间服从参数为 $1/\lambda$ 的指数分布。比如：每小时订单到达次数服从 $\lambda=100$ 的泊松分布，则订单到达间隔时间服从均值为 36s 的指数分布。

（5）一些情况下，时间分布的特征和参数值无法准确给出，这时可假定时间服从均匀分布或三角分布。均匀分布 Uniform（最小值，最大值）表示时间取值区间 [最小值，最大值] 中任一数值的可能性相同，三角分布 Triangular（a，c，b）则有三个参数，a，c，b 分别表示最短时间、中间时间和最长时间。

随机数生成算法非常经典，有成熟的工具包可以直接应用，本书不做介绍。仿真引擎在特定的时候自动生成服从上述随机分布的时间数值，比如：

（1）工件进入设备后，生成等待时长和加工时长的随机数。

（2）设备发生故障后，生成维修时长的随机数。

（3）设备故障修复后，生成下次故障发生时间的随机数。

（4）本次任务到达后，生成下次任务到达时间的随机数。

值得注意的是，在仿真模型中，如果存在随机时间，每次仿真的结果必然不同，为了得到仿真结果的统计特性，必须针对同样的仿真参数进行多次仿真，然后求取平均值。

3.2.4　仿真引擎的工作流程

在 1.4.5 节中介绍了 4 种离散事件系统仿真方法，针对生产系统仿真的特点，三阶段法最为合理适用，以该方法为基础，设计仿真引擎的基本工作流程如图 3-5 所示。

步骤 1　启动仿真，仿真引擎开始工作，创建仿真时钟和事件表并初始化，仿真模型运行初始化,比如初始化对象属性,创建 AGV 等资源。在 0 时刻,如果可以预计未来某些时刻有事件要发生,比如预计在第 1 分钟,入口对象将投入工件,则在仿真时钟中添加"1 分钟",在对象事件表中找到入口对象的"工件创建"事件记录,设置"事件最早发生时刻"为第 1 分钟。

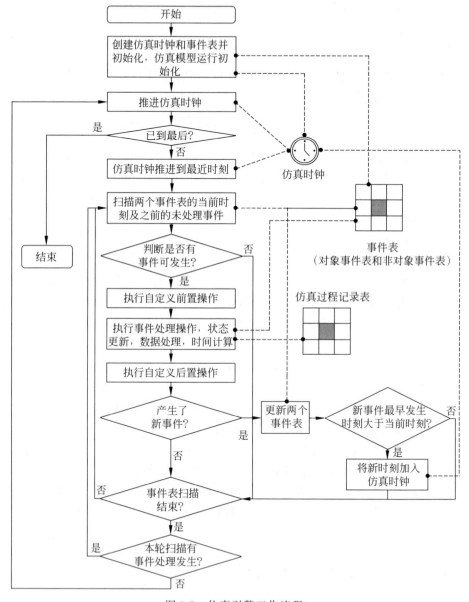

图 3-5　仿真引擎工作流程

步骤 2　推进仿真时钟。如果已到仿真时钟末尾,即无后续时刻,则结束仿真,否则将仿真时钟推进到最近的下一时刻。

步骤 3　循环执行如下操作：

步骤 3.1　开始一轮扫描,遍历扫描对象事件表和非对象事件表,对于对象事件表,筛选出"事件最早发生时刻"等于或早于当前时刻的事件,对于非对象事件表,筛选出"发生时刻"等于当前时刻的事件。

步骤 3.2　判断这些事件是否可发生,如果是非对象事件表的事件,则必然发生,如果是对象事件表的事件,则根据事件发生条件来判断。

步骤 3.3　如果步骤 3.2 的条件满足,则先执行用户自定义的前置操作,然后再执行事件处理操作,最后执行用户自定义的后置操作。

步骤 3.4　如果某对象的某些事件的最早发生时刻发生了变化,则更新对象事件表,如果产生了新的非对象事件,则在非对象事件表中添加新事件。如果新事件发生时间大于当前时刻,则将新时刻加入仿真时钟。

步骤 3.5　判断本轮次扫描时,是否有事件进行了处理,如果有,则返回步骤 3.1,在当前时钟时刻,开始新一轮扫描,否则返回步骤 2,继续推进时钟。

在上述流程中,步骤 3.3 的"事件处理操作"是仿真引擎的核心所在,它包含了复杂的处理逻辑,可实现状态改变、数据产生和更新等操作,并重新计算各类事件的"事件最早发生时刻";用户自定义前、后置操作则扩展了引擎的功能,相关的处理数据自动保存在仿真过程记录表中,该数据是统计分析的基础数据。

步骤 3.5 的判断操作也很重要,如果本次扫描过程中有事件进行了处理,由于状态变化和数据更新等原因,可能在当前时刻某些事件具备了可以发生的条件,因此必须重新扫描事件表。

3.2.5　仿真引擎工作示例

如图 3-6 所示,某生产系统的仿真模型由一个入口(工件投放处)、一个工件待加工区、一台搬运机械手、一台加工机床和一个出口(工件结束处)构成,生产 A、B、C 三个工件。工件在入口处投入：第 5 秒投入工件 A,第 30 秒投入工件 B,第 1 分钟投入工件 C,优先级顺序为 C>B>A。工件产生后,立即送入待加工区,至少停留 20s 后,由机械手搬运到机床上进行加工,机械手的服务响应时长和搬运时长分别为 5s 和 8s,机床装夹准备时长为 25s,加工 A、B、C 工件的时长均为正态分布随机数,其中,A 工件的加工时长为 Normal(2:0,15,0,0),Normal 表示正态分布,2:0 为时间的期望值(即 2min),15 为标准差(单位 s),后面两个 0 表示不给定上、下界,B 工件的加工时长为 Normal(2:30,20,0,0),C 工件的加工时长为 Normal(1:30,15,0,0)。如果机床正在工作,机械手就不能将新工件搬运上去,必须等待。工件在机床上加工完成后,由同一台机械手送至出口位置,机械手需要合理安排任务顺序,优先处理下料任务,避免死锁。当三个工件均进入出口后,仿真过程结束。

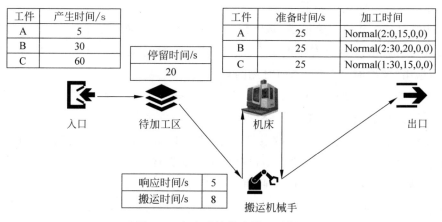

工件	产生时间/s
A	5
B	30
C	60

停留时间/s
20

工件	准备时间/s	加工时间
A	25	Normal(2:0,15,0,0)
B	25	Normal(2:30,20,0,0)
C	25	Normal(1:30,15,0,0)

入口　　　待加工区　　　机床　　　出口

响应时间/s	5
搬运时间/s	8

搬运机械手

图 3-6　生产系统仿真模型示例

运行仿真,仿真引擎工作过程如下:

(1) 0 时刻,扫描模型中所有对象(包括入口、待加工区、机床、搬运机械手、出口),创建并初始化对象事件表,见表 3-3。预计第 5 秒将发生 3 个事件,即入口产生工件 A、工件 A 离开入口、工件 A 进入待加工区。创建仿真时钟,则仿真时钟自动推进到第 5 秒,遍历执行 3 个事件操作,直到全部执行完毕,这里自定义了事件 1 的后置操作,记录工件 A 的产生时间。注意,在表 3-3 中,由于篇幅原因,最早发生时刻为空的事件没有显示,表 3-4～表 3-9 也类似。

表 3-3　第 0 时刻的对象事件表

对象编号	事件名称	事件最早发生时刻	事件发生条件	前置操作	后置操作
入口	产生 A	第 5 秒	无	无	记录 A 产生的时间
入口	A 离开	第 5 秒	无	无	无
待加工区	A 进入	第 5 秒	无	无	无

(2) 第 5 秒结束,仿真引擎更新事件表,根据当前预期,新增 4 个事件,同时删除已发生的 3 个事件,见表 3-4。仿真时钟推进到第 25 秒,判断是否"机床空闲并且机械手空闲",如果是,则"呼叫机械手,搬运工件"。

表 3-4　第 5 秒后的对象事件表

对象编号	事件名称	事件最早发生时刻	事件发生条件	前置操作	后置操作
待加工区	呼叫机械手搬运 A	第 25 秒	机床空闲并且机械手空闲	呼叫机械手,搬运工件	无
入口	产生 B	第 30 秒	无	无	记录 B 产生的时间
入口	B 离开	第 30 秒	无	无	无
待加工区	B 进入	第 30 秒	无	无	无

（3）第 25 秒结束，仿真引擎更新事件表，见表 3-5。仿真时钟推进到第 30 秒，发生 4 个事件并遍历执行操作。

表 3-5　第 25 秒后的对象事件表

对象编号	事件名称	事件最早发生时刻	事件发生条件	前置操作	后置操作
机械手	A 开始服务	第 30 秒	无	无	无
入口	产生 B	第 30 秒	无	无	记录 B 产生的时间
入口	B 离开	第 30 秒	无	无	无
待加工区	B 进入	第 30 秒	无	无	无

（4）第 30 秒结束，仿真引擎更新事件表，结果见表 3-6。仿真时钟推进到第 38 秒，发生 4 个事件并遍历执行操作。

表 3-6　第 30 秒后的对象事件表

对象编号	事件名称	事件最早发生时刻	事件发生条件	前置操作	后置操作
机械手	A 完成服务	第 38 秒	无	无	无
待加工区	A 离开	第 38 秒	无	无	无
机床	A 进入	第 38 秒	无	随机时间的模拟，设置加工时间	无
机床	安排 A 加工	第 38 秒	无	无	无
待加工区	呼叫机械手搬运 B	第 50 秒	机床空闲并且机械手空闲	呼叫机械手，搬运工件	无
入口	产生 C	第 1 分钟	无	无	记录 C 产生的时间
入口	C 离开	第 1 分钟	无	无	无
待加工区	C 进入	第 1 分钟	无	无	无

（5）第 38 秒结束，仿真引擎更新事件表，结果见表 3-7。注意，A 在机床上安排加工后，可以预计在第 1 分钟 3 秒（准备时长 25 秒）将正式开工，并在第 3 分钟 21 秒 965 毫秒加工结束，结束时间是根据加工时间正态分布 Normal(2:0,15,0,0) 随机模拟得到的。之后仿真时钟推进到第 50 秒，此时由于机床被 A 占用，机械手无法将工件 B 搬运到机床上，因此无操作发生，仿真时钟推进到第 1 分钟，发生 3 个事件并遍历执行操作。

表 3-7　第 38 秒后的对象事件表

对象编号	事件名称	事件最早发生时刻	事件发生条件	前置操作	后置操作
待加工区	呼叫机械手搬运 B	第 50 秒	机床空闲并且机械手空闲	呼叫机械手，搬运工件	无

对象编号	事件名称	事件最早发生时刻	事件发生条件	前置操作	后置操作
入口	产生 C	第1分钟	无	无	记录 C 产生的时间
入口	C 离开	第1分钟	无	无	无
待加工区	C 进入	第1分钟	无	无	无
机床	A 加工	第1分钟3秒	无	随机时间的模拟,设置加工时间	无
机床	A 完工	第3分钟21秒965毫秒	无	无	无
机床	呼叫机械手	第3分钟21秒965毫秒	机械手空闲	呼叫机械手,搬运工件 A	无

（6）第1分钟结束,仿真引擎更新事件表,结果见表3-8。仿真时钟推进到第1分钟3秒,此时"A加工"事件发生并执行操作,"呼叫机械手"事件仍无法发生。

表 3-8 第 1 分钟后的对象事件表

对象编号	事件名称	事件最早发生时刻	事件发生条件	前置操作	后置操作
待加工区	呼叫机械手	第50秒	机床空闲并且机械手空闲	呼叫机械手,搬运工件 B	无
机床	A 加工	第1分钟3秒	无	随机时间的模拟,设置加工时间	无
待加工区	呼叫机械手	第1分钟20秒	机床空闲并且机械手空闲	呼叫机械手,搬运工件 C	无
机床	A 完工	第3分钟21秒965毫秒	无	无	无
机床	呼叫机械手	第3分钟21秒965毫秒	机械手空闲	呼叫机械手,搬运工件 A	无

（7）第1分钟3秒结束,仿真时钟推进到第1分钟20秒时刻,此时两个"呼叫机械手"事件均无法发生,仿真时钟推进到第3分钟21秒965毫秒,执行2个事件操作并产生2个新事件,结果见表3-9。

表 3-9 第 3 分钟 21 秒 965 毫秒后的对象事件表

对象编号	事件名称	事件最早发生时刻	事件发生条件	前置操作	后置操作
待加工区	呼叫机械手	第50秒	机床空闲并且机械手空闲	呼叫机械手,搬运工件 B	无

对 象 编 号	事件名称	事件最早 发生时刻	事件发生条件	前 置 操 作	后 置 操 作
待加工区	呼叫机械手	第 1 分钟 20 秒	机床空闲并且 机械手空闲	呼叫机械手， 搬运工件 C	无
机械手	A 开始服务	第 3 分钟 26 秒 965 毫秒	无	无	无
机床	A 离开	第 3 分钟 26 秒 965 毫秒	无	无	无

　　(8) 继续推进仿真时钟，在第 3 分钟 26 秒 965 毫秒，机械手开始将工件 A 从机床搬运到出口，于第 3 分钟 34 秒 965 毫秒完成搬运，此时机械手和机床均空闲，在待加工区，B 和 C 两个工件都需要搬运到机床上加工，由于优先级 C＞B，尽管 B 在待加工区等待的时间比 C 长，仍然先搬运 C 后搬运 B。

　　依次类推，直至仿真结束。

　　表 3-10 显示了 3 次仿真后的仿真时钟历史。可以看出，由于存在随机时间，每次仿真时钟的历史时间轨迹是不同的。

表 3-10　3 次仿真的仿真时钟历史

仿真时钟（第 1 次）	仿真时钟（第 2 次）	仿真时钟（第 3 次）
5	5	5
25	25	25
30	30	30
38	38	38
50	50	50
1:0	1:0	1:0
1:3	1:3	1:3
1:20	1:20	1:20
3:21.965	3:23.077	3:13.035
3:26.965	3:28.077	3:18.035
3:34.965	3:36.077	3:26.035
3:39.965	3:41.077	3:31.035
3:47.965	3:49.077	3:39.035
4:12.965	4:14.077	4:4.035
5:41.247	5:46.861	5:42.135
5:46.247	5:51.861	5:47.135
5:54.247	5:59.861	5:55.135
5:59.247	6:4.861	6:0.135
6:7.247	6:12.861	6:8.135

仿真时钟（第1次）	仿真时钟（第2次）	仿真时钟（第3次）
6:32.247	6:37.861	6:33.135
8:58.761	9:11.389	9:7.929
9:3.761	9:16.389	9:12.929
9:11.761	9:24.389	9:20.929

仿真时钟的最后一个记录就是总仿真时长，本例运行100次，得到仿真时长的统计值：均值9:13，标准差26秒。

3.3 仿真动画和数据显示引擎

3.3.1 仿真动画的基本原理

与工业领域的其他类型仿真（如CAE、装配仿真、人因仿真）相比，生产系统仿真的"动态性"更为复杂多样。仿真过程中，模型内成千上万个对象因仿真时钟的推进在不断地改变状态，这些状态参数包括正在处理的工件、等待的工件、对象的位置、动作、工作状态（故障、工作、等待……）等，有些状态参数的变化非常复杂，比如AGV沿轨迹移动、工人沿步行道行走、机器人按运动轨迹完成上下料动作等。要把仿真运行过程直观可视化地表现出来，就要依赖于强大的动画功能，随着计算机图形图像技术，特别是游戏动画、虚拟现实（virtual reality，VR）等技术的快速发展，仿真过程动画越来越逼真，展现形式也越来越丰富多样。

仿真运行动画的基本原理很简单，其实现过程如下：

(1) 在非对象事件表中不断添加动画刷新事件，相邻事件的发生时间间隔即为动画刷新间隔，比如100ms，时间间隔越短，动画越精细，但仿真速度越慢。

(2) 仿真引擎扫描非对象事件表，获得动画刷新时刻，调用动画引擎进行事件处理。

(3) 动画引擎执行动画处理操作，扫描仿真模型中的所有对象，重新计算它们的几何位置、工作状态、数量等变化数据。

(4) 在屏幕上重新绘制所有模型对象。

动画的刷新间隔并不一定是一个常数，一般来说，在仿真时钟中的每一个时刻（即有事件发生的时刻），动画必须进行刷新，这是因为事件的发生导致该时刻的对象状态发生了明显的变化，比如工件已离开当前设备、设备发生故障等。除此之外的其他时刻，根据仿真显示速度的设置，刷新间隔或长或短。极端情况是：除非有事件发生,否则动画不刷新。

仿真动画的显示极大地降低了仿真速度,即便是"仅在事件发生时进行刷新"这种极端情况下,仿真速度也会比不显示动画时降低几十到几百倍,因此,如果仿真的目的主要是用于分析和优化,对仿真速度要求特别高,就应该关闭仿真动画。举例来说,将遗传算法和仿真运行相结合进行生产计划优化时,遗传算法迭代 50 次,每代种群 200 个个体,则求解一次需仿真 10000 次,如果启动仿真动画,求解效率将大大降低。

3.3.2 普通仿真和超实时仿真

动画引擎支持两种仿真模式:普通模式和超实时模式。在关闭动画显示的情况下,两种模式之间无差异。如果启动动画,不同模式及不同加速因子下的动画刷新速度明显不同。

(1) 普通模式(plain mode)。在该模式下,仿真过程中不同物理间隔时间的相邻事件之间的仿真停留时长是相同的,比如间隔 1s 和间隔 1min 的相邻事件,仿真停留时长相同,具体停留时长取决于加速因子。如果加速因子为 1000,则两个相邻事件无论物理间隔时长多少,仿真引擎都只延时 1ms(停留延时的目的是为了显示动画),如果加速因子为 1,则相邻事件的延时为 1s。普通模式下,仿真效率和动画效果之间进行了折中处理,仿真效率高,但仿真时钟非均匀流逝、仿真动画不够真实。

(2) 超实时模式(faster than real-time mode)。在该模式下,仿真过程中不同物理间隔时间的相邻事件之间的仿真停留时长是不相同的,仿真停留时长和物理时长严格成比例。具体停留时长取决于加速因子,比如,物理时长 2000s,加速因子 1000×,则必定停留 2s(2s 指计算机系统时长),如果为 10×,则停留 200s。因此,如果某仿真模型的运行物理时长为 1h,加速因子为 1000×,则仿真引擎在 3.6s 完成仿真运行。当加速因子为 1,超实时模式就等同于实时仿真。超实时模式下,仿真时钟均匀流逝、仿真动画真实,但效率较低,如果要仿真 1 年物理时长的数据,即便加速因子为 1000×,也需要 8.8h 来运行仿真,这几乎不可接受。

3.3.3 仿真数据的可视化显示

仿真数据(包括过程数据和结果数据)可通过图表的形式进行展示,生产系统仿真软件常见的数据图表包括柱状图、时序图、饼形图、甘特图、直方图等,如图 3-7 所示。

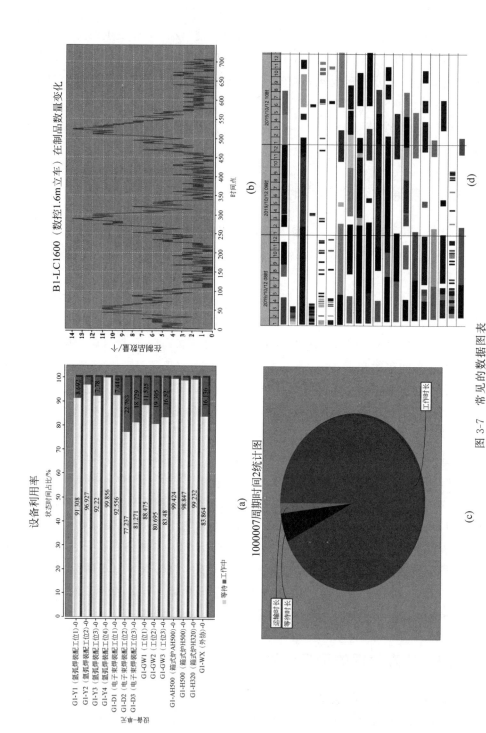

图 3-7　常见的数据图表

(a) 设备状态分布柱状图；(b) 在制品数量变化时序图；(c) 工件通过时长分布饼形图；(d) 生产任务执行甘特图

3.4 脚本解析执行引擎

3.4.1 仿真脚本语言

所谓脚本(script),指仿真建模过程中所编写的控制逻辑程序,该程序和模型一起存在,无须进行外部编译。仿真运行过程中,仿真引擎通过脚本解析执行引擎,自动编译并解释执行脚本程序。主流生产系统仿真软件都提供了脚本语言支持,主要有两类基本形式:

(1) 专用脚本语言,如 PlantSimulation 的 SimTalk 语言,FlexSim 的 FlexScript 语言等。

(2) 通用语言,比如 AnyLogic 采用 Java 语言。

专用脚本语言的编程相对简单,但功能有限,可扩展能力弱;通用语言的能力更为强大,但编程要求较高,学习曲线较长。有时候也可以综合这两种语言的优点,在通用语言的基础上包装一层形成脚本语言,既简化编程过程,也能发挥通用语言的能力,比如 FactorySimulation 软件就是采用这种方式。

3.4.2 脚本的作用

针对生产系统仿真的现实需求,将仿真脚本常见的应用场景列于表 3-11。

表 3-11 仿真脚本的典型应用场景

序号	应 用 场 景	脚本的作用
1	生产计划与调度	实现自定义的生产调度策略
2	工艺路线识别与路由控制	读取工艺路线,仿真过程中将工件送至不同的加工工位
3	操作时间设置	根据工件和生产对象类型设置操作时间(包括随机时间)
4	请求物流服务	在特定时间和特定位置呼叫物流服务
5	请求仓储服务	发送出库指令
6	请求资源服务	在特定时间和特定位置呼叫资源服务
7	请求工人服务	在特定时间和特定位置呼叫工人服务
8	物流路径控制	考虑干涉等因素,实现 AGV 主动避障等算法
9	触发器	在特定时刻触发某些操作
10	观察器	监控重要变量,如果变量值发生变化,执行自定义操作
11	数据统计和报表显示	根据自定义规则,统计数据并刷新报表显示
12	操作的前后置逻辑	在某些操作发生的前后,自定义逻辑,扩展功能
13	初始化仿真、结束仿真等操作	自定义仿真初始化和结束逻辑,实现一些特殊操作
14	优化算法	自定义优化算法,实现算法逻辑
15	机器学习算法	自定义机器学习算法,实现算法逻辑
16	数据接口	Socket 通信接口、数据库访问接口等

3.4.3　脚本的解析与执行过程

脚本的解析与执行过程如图 3-8 所示。在仿真运行之前,首先检查脚本程序是否有更新并已编译,否则首先进行脚本编译。以 Java 语言脚本为例,编译的过程大致包括:①脚本语言的翻译;②Java 动态编译;③动态加载到 Java 虚拟机。

一旦编译与加载成功,仿真过程中,基础仿真引擎将根据仿真逻辑,在合适的时候自动调用脚本方法,完成各种自定义操作,以满足表 3-11 中的所有应用场景。

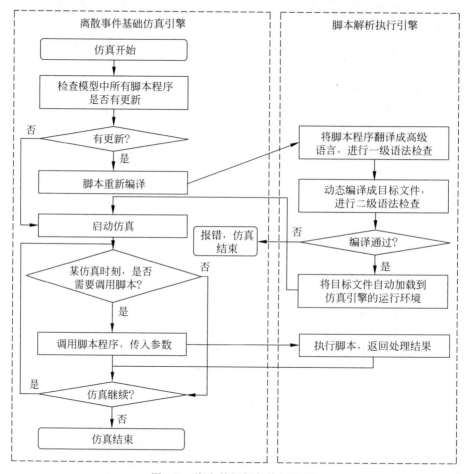

图 3-8　脚本的解析与执行过程

3.5　并行仿真

生产系统仿真引擎一般都有较高的执行效率,在关闭动画显示的情况下,可在秒级或分级时间内完成复杂系统模型的一次仿真运行,然而即便这样的速度,当开展仿真实验或者结合优化算法进行仿真搜索时,因为要进行成千上万次仿真,耗时仍然很长,因此,如何提升大量次数仿真的运行速度是一个必须面对的问题。

并行仿真是解决这个问题的基本办法,有两种并行仿真方式,一种是云计算方式,通过在大量电脑上运行的并行进程来实现,另一种是多线程方式,通过在单台电脑上运行的多线程来实现,其原理是充分利用多核 CPU 的计算能力。与方式一相比,方式二部署较为简单,更容易实现。

下面以多线程仿真为例,介绍并行仿真的基本实现过程及效果。假定在仿真优化过程中,需要进行多轮次的仿真运行,每轮次的仿真运行实例数为 M(实际情况中 M 一般大于 100),根据电脑 CPU 内核数量,设定并发线程数为 N,N 一般取为 8-20。具体实现流程如图 3-9。

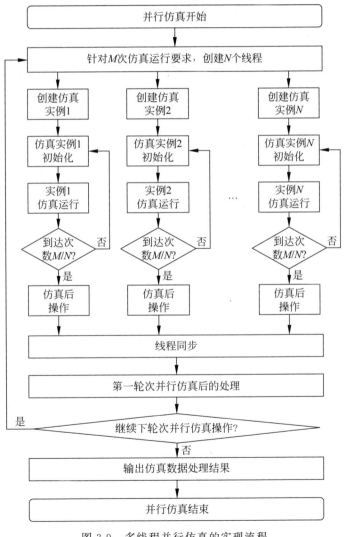

图 3-9　多线程并行仿真的实现流程

　　通过一个案例进行测试,某制造单元生产1200个零件,单次仿真时间为0.1秒,因仿真优化目的要进行1000次仿真。测试结果显示,如果不采用并行仿真,仿真1000次需耗时111.643秒,采用多线程并行仿真(CPU内核数为8)后耗时缩短至28.415秒,速度提升了4倍。

第4章

生产系统仿真分析与优化

生产系统性能的定量分析是建模与仿真的根本目的。与纯数学的运筹优化方法相比,基于生产系统仿真模型进行性能分析与优化的优势在于:①分析过程非常直观,不必理解复杂的数学模型;②不用进行过多的假设和抽象,更加符合真实情况;③可以将离散事件仿真和优化算法相结合,综合两者的优势,即仿真模型的拟实性和算法模型的高效性。

本章提出了生产系统仿真分析与优化的基本任务,并从三个方面介绍了具体的实现过程。

4.1 生产系统仿真分析与优化的基本任务

在第1章中介绍了生产系统的主要性能指标。通过建模与仿真运行,首先要定量评估生产系统的性能指标,进而进行系统优化设计。如图4-1所示,生产系统仿真分析与优化的基本任务包括生产系统性能评估分析、基于实验设计(design of experiment,DOE)的系统参数优化、与算法相结合的仿真优化三个方面。

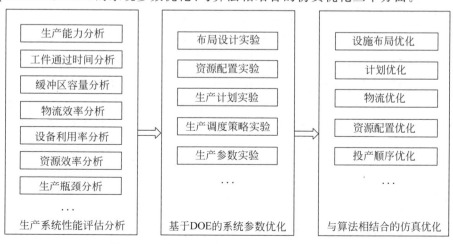

图 4-1　生产系统仿真分析与优化的基本任务

4.2　生产系统性能评估分析

4.2.1　生产能力分析

如1.3.1节中所述,生产能力(产能)是指生产系统在一段时间内生产出某类产品或零部件的数量,比如每年的产量、每小时的产量等。产能有多种表述形式,比如最大产能、实际产能、标准产能、平均产能等。产能指标可以落脚在设备或工位,也可以落脚在生产线或车间。比如,针对单工位,如果是自动化设备,可用每小时的产量(Units Per Hour,UPH)表示产能,即每小时的产量＝年生产量÷12个月÷每个月的工作日÷8(每天8小时工作制),如果是人工工位,可用每小时每个人的产量(Units Per People Per Hour,UPPH)表示产能,即每小时每个人的产量＝年生产量÷12个月÷每个月的工作日÷8÷工人人数(每天8小时工作制,某个工位的工人人数)。在计算产能时,要考虑以下诸多因素:

(1) 工作日历。即每天的有效工作时间。

(2) 节拍时间。对于单台设备,就是生产一个产品所需的时间;对于生产线,就是相邻两个产品产出的平均间隔时间。

(3) 生产系统的复杂性。多台设备构成的生产系统的产能取决于瓶颈设备,但瓶颈识别较为困难,特别是在产品品种较多的情况下。

(4) 产品的规格和类型数量。如果生产多类产品,产能和不同产品的构成比例、生产顺序等的关系很大。

(5) 产品质量、设备可靠性等。产品质量低则有效产出低,设备可靠性不足也会减少设备的工作时间,从而降低产能。

如果生产系统较为复杂,仅凭计算来评估产能是较为困难的,最好能通过仿真来模拟生产过程运行并分析产能的动态变化,其基本过程如下:

(1) 建立生产系统仿真模型,对影响产能的因素尽可能全面准确地进行描述,包括工艺路线、设备工时、工厂日历、设备故障与维修、物流时间等。

(2) 确定产品类型组合,比如车间生产A,B,C三类产品,比例分别为0.5,0.3,0.2。

(3) 设计产品的投入顺序和批量,调整产品投放间隔。一般来讲,合理的投放策略可以得到最大产能,过密或过疏的产品投放间隔都可能降低产能(过密易导致生产的相互干扰,过疏则导致设备等待)。

(4) 如果存在随机因素,就需要多次仿真运行,得到产能的平均值。比如,某生产线仿真5次,每小时平均产量分别为100,120,114,116,120个,则最终的产能为(100＋120＋114＋116＋120)(个/h)/5＝114个/h。

(5) 产能分析与改善。如果产能达不到预期,改善途径包括调整工艺路线、增加设备能力、优化布局缩短物流时间、优化产品投放顺序、优化生产调度策略等,改善方案可通过仿真进行验证。

4.2.2　工件通过时间分析

工件从进入系统到离开系统的时间差称为通过时间。如图 4-2 所示,通过时间一般由等待时间、物流时间、工作时间和计划外时间四部分构成,其中:

(1) 等待时间(waiting time),即在缓冲区或设备上的等待时间,包括物流等待时间和故障等待时间。

(2) 物流时间(logistics time),即与物流相关的时间,包括装卸时间(比如 AGV 装卸、机械手上下料)和移动时间(比如 AGV 的运输时间)。

(3) 工作时间(working time),即包括准备时间和加工时间。

(4) 计划外时间(unplanned time),即包括计划停机时间和非工作日历时间。

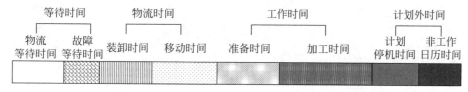

图 4-2　工件通过时间的分解

进行工件通过时间仿真分析的目的主要有两个:

(1) 计算工件通过时间及其数据分布。同一类型不同编号工件的通过时间一般是变化的,通过统计可以得到平均通过时间及其直方图分布。

(2) 计算等待时间、物流时间、工作时间的时长占比。定义有效工作时间=通过时间-计划外时长,工作时间在有效工作时间中占比越大,说明生产过程越高效,反之,则可能物流效率低,或者生产计划不够优化。

表 4-1 是工件通过时间分析示例。某生产系统中,类型为 P075010124 的 4 个工件分两批投入,仿真得到其通过时间及工作时间、等待时间和物流时间,计算得到三类时间的占比。

表 4-1　工件通过时间分析示例

工件	类型	创建时间	完工时间	通过时间	工作时间及占比	等待时间及占比	物流时间及占比
1000404	P075010124	15:36:0	17:17:37.180	1:41:37.180	1:21:57.830 (80.66%)	13:13.300 (13.01%)	6:26.050 (6.33%)
1000405	P075010124	15:36:0	16:59:48.040	1:23:48.040	1:9:25.230 (82.84%)	7:56.760 (9.48%)	6:26.050 (7.68%)
1001298	P075010124	1:22:12:0	1:23:35:58.010	1:23:58.010	1:6:57.880 (79.75%)	10:34.080 (12.59%)	6:26.050 (7.66%)
1001299	P075010124	1:22:12:0	1:23:53:26.160	1:41:26.160	1:23:24.950 (82.23%)	11:35.160 (11.42%)	6:26.050 (6.34%)

4.2.3　缓冲区容量分析

在生产系统中,缓冲区(buffer)起到临时存放在制品的作用,处于等待状态的零部件一般放置在缓冲区中。仿真运行过程中,缓冲区的工件数量随时间在不断变化。如图4-3所示,该缓冲区最大工件数量为13个,可作为缓冲区容量设计的依据。

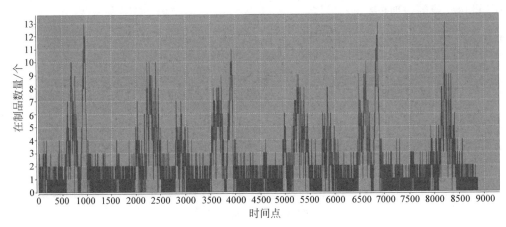

图 4-3　缓冲区的工件数量随时间变化的例子

进一步,可以分析缓冲区容量设置对于产能和生产效率的影响,缓冲区容量过小,可能引发更多的阻塞情况,导致工件无法及时离开当前位置,缓冲区容量过大,则造成资源浪费。为了确定最佳缓冲区容量,可以先设置无限容量缓冲区,通过仿真得到最大在制品数量 n 后,再限定缓冲区容量为 n 及其周围几个数值,然后通过仿真实验方法找到最佳容量。

4.2.4　物流效率分析

在仿真生命周期内,生产系统中各类物流对象(AGV、天车等)的时间分布如图4-4所示,包括三部分时间:

(1) 等待时间,物流设施已就绪,但无任务分配。

(2) 计划外时间,即非工作日历时间,或者物流设施在维修保养、充电等。

(3) 服务时间,包括空载移动时间、负载移动时间和装卸时间。

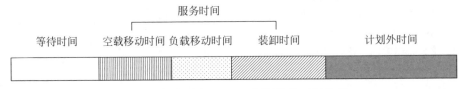

图 4-4　物流对象(AGV、天车等)的时间分布

仿真结束后,可自动统计出物流对象的有效利用率:有效利用率＝服务时间/(服务时间＋等待时间)。如果有效利用率偏低,说明物流对象的数量可能偏多,进一步可以通过实验设计的方式来优化对象数量;如果有效利用率偏高,则说明物流设施的数量可能偏少,或者装载数量不合理(一次装载量太小)。

除了时间因素外,行驶距离也是物流效率分析的指标,物流行驶距离过长,可能说明物流路径设置不合理,或者物流调度算法存在问题,导致工件耗费在运输上的时间过长,这时就需要对物流布局和调度算法进行优化。

AGV 效率分析示例见表 4-2。

表 4-2 AGV 效率分析示例

AGV 编号	服务时间及占比	等待时间及占比	服务次数	行驶距离/m
1	3;6;29;53.650(75.394%)	1;1;37;7.610(24.606%)	3463	282455.1
2	2;21;34;19.670(66.821%)	1;10;32;41.590(33.179%)	3077	250336.6
3	2;12;2;41.710(57.671%)	1;20;4;19.550(42.329%)	2658	216055.4
4	2;2;40;1.990(48.664%)	2;5;26;59.270(51.336%)	2250	182312

4.2.5 设备利用率分析

第 3 章介绍了设备的 7 种常见状态,在仿真生命周期的任意时刻,设备都停留于这 7 种状态之一,并在特定事件发生后变迁到其他状态。仿真结束后,通过对状态停留时长的统计,可得到每种状态时长的占比,如图 4-5 所示。

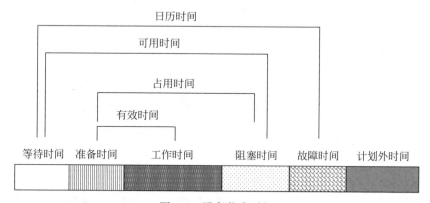

图 4-5 设备状态时间

如何定义设备利用率并没有一个公认的公式,根据图 4-5 可以定义:设备利用率＝(工作时间＋准备时间)/(总时间－计划外时间)。在得到仿真周期内设备利用率的平均值后,还可以进一步得到每个时间段的设备利用率,从而看出设备利用率的变化过程。

很多时候,还需要计算设备综合效率(OEE),OEE 的计算公式见 1.3.1 节。

例如,某设备某天工作时间 8h,计划停机 10min,故障停机 30min,设备调整准

备时间 35min,产品的理论加工周期为 1min/件,一天共加工产品 400 件,有 20 件
废品。则:

$$实际运行时间 = 8 \times 60 - 10 - 30 - 35 = 405min$$
$$计划运行时间 = 8 \times 60 - 10 = 470min$$
$$时间开动率 = 405/470 = 0.86$$
$$性能开动率 = 400 \times 1/405 = 0.99$$
$$合格品率 = (400 - 20)/400 = 0.95$$
$$OEE = 0.86 \times 0.99 \times 0.95 = 0.81$$

通过仿真,很容易得到所有设备的 OEE 指标值。

4.2.6　资源效率分析

生产系统中的资源类型很多,资源效率分析主要是对车间人员、设备、工装、物
料和工时等进行分析与管理,以保证生产正常进行。下面以物流搬运工人、操作/
维修工人、工具类资源三类资源为例,说明资源效率的分析过程。

在仿真生命周期中,三类资源的利用时间分布如图 4-6 所示,服务时间占比
(即资源利用率)是通用的效率指标,对于工人来说,行走距离也是一个重要指标。

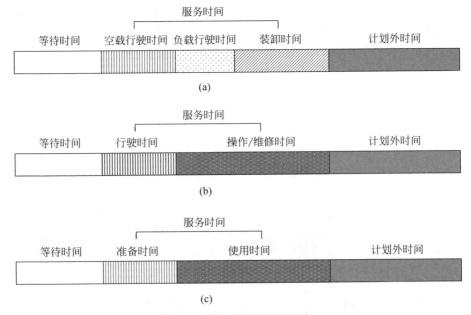

图 4-6　资源利用的时间分布
(a)物流搬运工人;(b)操作/维修工人;(c)工具类资源

如果资源利用率偏低,一般意味着资源数量可以减少,具体能减少多少需要通
过仿真来验证,通常采取实验设计的方法为不同资源设置多个水平值(即资源数
量),针对所有可能组合进行仿真,最后得到最佳资源数量组合。

表 4-3 是某资源(操作工人)效率分析的示例,仿真时长为 11067497.36 秒,服务时间占比＝服务时间/仿真时长。可以看出,除焊工外,其余工种的工人利用率不高。

表 4-3　资源(操作工人)效率分析示例

工　人	行走距离/m	操作时间/s	行走时间/s	服务时间/s	服务时间占比/%
工人 1(焊工)	3381.76	5629777.65	6763.52	5636541.17	50.93
工人 2(焊工)	2955.52	5624501.73	5911.04	5630412.77	50.87
工人 3(焊工)	3200.04	5578500.92	6400.08	5584901.00	50.46
工人 4(焊工)	3108.54	4896728.78	6217.08	4902945.86	44.30
工人 5(焊工)	3298.74	5323491.01	6597.48	5330088.49	48.16
工人 6(焊工)	3034.36	5812622.33	6068.72	5818691.05	52.57
工人 7(焊工)	3083.48	4923158.33	6166.96	4929325.29	44.54
工人 8(焊工)	3485.16	4577377.50	6970.32	4584347.82	41.42
工人 9(焊工)	3007.14	4090174.78	6014.28	4096189.06	37.01
工人 10(焊工)	3416.62	4252897.19	6833.24	4259730.43	38.49
工人 11(焊工)	2909.08	5204649.88	5818.16	5210468.04	47.08
工人 12(焊工)	3093.56	5246883.99	6187.12	5253071.11	47.46
工人 13(焊工)	2643.86	6126925.32	5287.72	6132213.04	55.40
工人 14(焊工)	3839.86	4407042.24	7679.72	4414721.96	39.89
工人 15(机加工)	2644.18	1446664.96	5288.36	1451953.32	13.12
工人 16(机加工)	2486.58	1565079.61	4973.16	1570052.77	14.19
工人 17(机加工)	2715.70	1734260.57	5431.40	1739691.97	15.72
工人 18(机加工)	2568.94	1558599.90	5137.88	1563737.77	14.13
工人 19(机加工)	2651.30	1583939.10	5302.60	1589241.70	14.36
工人 20(机加工)	2708.58	1432122.77	5417.16	1437539.93	12.99
工人 21(机加工)	2626.22	1602240.90	5252.44	1607493.34	14.52
工人 22(机加工)	2651.30	1520579.33	5302.60	1525881.93	13.79
工人 23(实验人员)	10041.56	1308164.59	20083.12	1328247.71	12.00
工人 24(实验人员)	10041.56	1308164.59	20083.12	1328247.71	12.00
工人 25(实验人员)	10041.56	1165087.10	20083.12	1185170.22	10.71
工人 26(实验人员)	10041.56	1165087.10	20083.12	1185170.22	10.71
工人 27(实验人员)	9746.22	1244655.15	19492.44	1264147.59	11.42
工人 28(实验人员)	9746.22	1244655.15	19492.44	1264147.59	11.42
工人 29(检测工)	16222.80	1641516.93	32445.60	1673962.53	15.12
工人 30(检测工)	16734.36	1674222.11	33468.72	1707690.83	15.43
工人 31(检测工)	16583.24	1712824.78	33166.48	1745991.26	15.77
工人 32(检测工)	16676.16	1668401.74	33352.32	1701754.06	15.38
工人 33(检测工)	16373.92	1650531.42	32747.84	1683279.26	15.21
工人 34(检测工)	16222.80	1697018.62	32445.60	1729464.22	15.63
工人 35(检测工)	16281.00	1773428.66	32562.00	1805990.66	16.32

4.2.7 生产瓶颈分析

生产瓶颈(production bottleneck)指生产过程中出现的阻碍生产顺利进行的因素。生产系统的最大产能不取决于作业速度最快的工位,而取决于作业速度最慢的工位,也就是所谓的瓶颈,最快与最慢的差距越大,产能损失就越大。生产瓶颈的表现形式很多,比如:

(1) 设备瓶颈。某台设备产能低下或者可靠性低,大量在制工件在该设备前等待。

(2) 物流瓶颈。物流效率低,物流请求任务的响应慢,或者物流运输时间过长。

(3) 资源瓶颈。资源数量和能力不足,任务等待资源的时间长。

(4) 供应瓶颈。原材料或零配件供应跟不上,造成加工设备的闲置或者装配部件不齐套。

(5) 质量瓶颈。关键工序质量问题突出,造成大量返工、返修或报废现象。

所谓生产瓶颈分析,就是通过仿真运行和量化分析,识别出生产瓶颈,并通过对设备、物流、资源、供应及生产调度等方案的调整,改善或消除瓶颈,并通过仿真进行验证。

(1) 生产瓶颈的识别。某些系统的生产瓶颈识别较为简单,比如单一产品流水生产线,生产速率最慢的工位必然是瓶颈。混流生产线的瓶颈识别就要困难些,对于多产品多工艺路线并存、具有复杂物流与资源调度的离散制造车间来说,识别其生产瓶颈更加困难,此时,生产系统仿真分析的价值就非常明显了。

通过仿真分析来识别生产瓶颈通常有如下方法:

① 寻找利用率较高的几台设备,这些设备可能是瓶颈。

② 寻找在制品数量最多的几个缓冲区,这些缓冲区出口对应的设备或者物流设施可能是瓶颈。

③ 如果物流设施利用率较高,或者物流服务响应时间长,物流设施可能是瓶颈。

④ 如果资源利用率较高,或者等待资源就绪的时间长,则资源可能是瓶颈。

⑤ 产品装配时,总是在等待几个工件,这些工件的供应(加工或者仓储配送)可能是瓶颈。

值得注意的是,上述瓶颈的判断仅仅是"可能性",是否确实为瓶颈需要通过仿真来验证。如果对该"瓶颈"进行改善后,生产能力和效率得到明显提升,那该"瓶颈"就是真正的瓶颈。

(2) 生产瓶颈的改善。可通过仿真实验来提出生产瓶颈的改善方案。

4.3 基于仿真实验设计的系统参数优化

4.3.1 实验设计的基本概念

实验设计(DOE)是关于如何按照预定目标制定适当的实验方案,以利于对实验结果进行有效的统计分析的数学原理和实施方法,实验设计的思想既适用于物理实验,也适用于仿真实验。

仿真实验设计的目的是根据可能的参数组合设计有限次仿真实验,并自动进行仿真运行,根据实验结果确定最佳生产方案。实验设计在仿真优化中有非常广泛的应用场景,是生产系统仿真软件必备的分析功能之一。

在生产系统仿真评估与优化过程中,经常需要从各种参数组合中寻找一种最佳的参数组合,使得系统设计的某些关键性能指标最优。比方说,一个系统中的资源配置(AGV、工人、机器人的数量)及订单生产顺序都可以作为系统的输入参数。在不同的参数组合下,生产系统的订单完工周期、资源利用率等性能指标是不同的,如果参数组合不是特别多,比如 1 万个以内,通过 DOE,设计仿真实验并进行对比评估是一种常见的思路,如果参数组合空间特别大,就只能结合遗传算法等优化算法来进行求解了。

DOE 的基本概念如下:

(1)输出变量,也称响应变量,通常指生产性能指标,比如设备利用率、订单完成时间、工作时长占比、单位时间产能等。

(2)输入变量,即响应变量的影响因子,通常是生产系统的某些结构参数(比如设备数量)或者是输入数据的一些特征参数(比如订单投放顺序和间隔)。

(3)因子水平值,输入变量的离散取值,一般每个变量的取值在 10 个以内。

(4)组合实验,实验策略包括全因子实验、部分因子实验、正交实验等,与物理实验相比,仿真实验的代价很低,通常可以进行全因子实验。

(5)观察数,即每次实验的重复运行次数,如果系统不存在随机因素,每次实验仿真一次就够了,但如果存在随机因素,则必须重复进行多次仿真并获得统计数据(比如均值、中位数、最大值、最小值、25%分位数、75%分位数等)。

4.3.2　仿真实验设计的过程

在生产系统仿真软件中,仿真实验的设计基本过程如下:

(1)创建仿真实验对象。

(2)定义输入参数,即定义各个仿真参数及其水平值。仿真参数来自对象属性或模型全局变量;水平值可以多个,须保证取值的合理性。

(3)定义输出参数,即对象属性或模型全局变量。

(4)定义实验,即全因子实验,针对输入参数,自动进行参数组合,每个参数组合为一次实验。

(5)定义实验仿真的初始化方法(每次实验的每次观察仿真前自动执行并初始化)。

(6)定义实验结束前方法(每次实验的每次观察仿真结束前自动执行)。

(7)定义观察数(每个实验的仿真运行次数)。

(8)仿真实验自动运行,仿真所有实验的所有观察,记录输出参数值。

（9）仿真实验结果的输出与分析。

4.3.3　仿真实验示例

如图 4-7 所示的制造车间，"入口"处产生 3 类工件 A、B、C，在"预加工设备"上加工后，进入"缓冲区 1"，由"机械手 1"分别送到 3 台设备上加工（A 送到"A 加工设备"，B 送到"B 加工设备"，C 送到"C 加工设备"），加工完毕，进入"缓冲区 2"，由"机械手 2"送到"缓冲区 3"，在"装配站"上完成装配，成品进入"出口"。

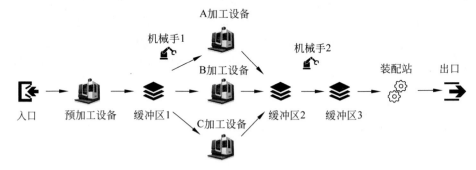

图 4-7　仿真实验示例（车间模型）

相关的基础数据如下：

（1）A、B、C 3 类工件各加工 2 个批次，每批 20 个，相邻批次的投产间隔时间为 30min。

（2）"预加工设备"的加工时长服从正态分布 Normal(3:30,30,2:30,4:0)。

（3）"机械手"（1 和 2）的服务响应时长为 15s，搬运时长为 40s。

（4）A、B、C 3 台设备的加工时长分别为 2min、4min、3min。

（5）A、B、C 工件在"装配站"装配为成品，一个成品包含 1 个 A、1 个 B 和 1 个 C，装配时长服从正态分布 Normal(5:0,25,4:0,6:0)。

显然，A、B、C 不同的批次投产顺序使得总完工时间不同，为了得到最佳的批次投产顺序，设计如下仿真实验：

（1）输入参数，即生产顺序，比如 ABCABC、BCAACB 就是 2 种不同的生产顺序，生产顺序的组合数量为 90。

（2）输出参数，即总完工时间。

（3）实验，根据输入参数，共定义 90 个实验。

（4）观察数，由于存在随机因素，每个实验都需要仿真若干次，取观察数为 100。

启动仿真实验，共仿真 9000 次，仿真实验结果见表 4-4。可以看出，74 号实验的结果是最佳的，该实验对应的生产顺序为 CBBACA，即 0 时刻投入 20 个 C，第 30 分钟时投入 20 个 B、60 分钟投入 20 个 B、90 分钟投入 20 个 A、120 分钟投入 20 个 C、150 分钟投入 20 个 A。

表 4-4　实验结果（总完工时间）

实验序号	均值	中位数	最大值	最小值	25％分位数	75％分位数
1	8:16:34.166	8:16:33.539	8:22:37.394	8:9:22.387	8:14:22.393	8:19:4.688
2	7:31:56.113	7:32:12.982	7:40:2.459	7:22:34.152	7:29:25.416	7:34:50.017
3	7:27:58.017	7:27:53.265	7:38:25.161	7:19:17.722	7:25:13.932	7:30:51.228
4	7:59:29.547	8:0:10.082	8:7:26.792	7:48:46.778	7:56:27.906	8:2:25.656
5	7:28:26.342	7:28:31.458	7:36:38.942	7:20:12.231	7:25:50.427	7:31:16.132
6	7:44:11.088	7:44:4.177	7:53:25.814	7:35:8.376	7:41:43.402	7:46:28.904
7	8:4:46.316	8:4:45.440	8:13:26.522	7:55:9.623	8:1:42.224	8:7:19.465
8	7:31:41.748	7:31:48.069	7:40:53.429	7:22:28.882	7:29:22.732	7:34:7.185
9	7:28:0.124	7:28:1.541	7:36:22.706	7:16:2.860	7:24:34.282	7:31:40.767
10	7:59:14.790	7:59:25.253	8:7:14.230	7:50:23.143	7:56:48.011	8:2:11.983
11	7:26:41.515	7:26:35.634	7:35:22.166	7:18:11.310	7:24:19.320	7:28:56.213
12	7:26:20.920	7:26:15.749	7:36:18.881	7:18:56.697	7:23:35.923	7:29:4.077
13	7:32:15.851	7:32:9.700	7:39:36.690	7:24:55.872	7:30:19.556	7:34:13.617
14	7:27:15.561	7:27:40.356	7:37:43.634	7:17:29.334	7:24:2.679	7:30:40.965
15	7:26:15.942	7:25:55.884	7:34:25.581	7:16:40.297	7:23:40.280	7:28:40.742
16	7:27:17.424	7:28:4.464	7:36:9.715	7:18:1.252	7:24:30.761	7:29:51.462
17	7:27:52.858	7:27:36.369	7:38:42.646	7:18:55.002	7:25:24.245	7:30:52.449
18	7:31:10.278	7:31:0.792	7:40:45.904	7:19:21.819	7:28:3.412	7:34:19.374
19	7:44:11.086	7:44:31.267	7:50:39.682	7:38:31.120	7:42:14.044	7:46:13.480
20	7:26:45.139	7:26:36.842	7:37:50.623	7:16:44.579	7:24:6.951	7:29:50.026
21	7:59:21.881	7:59:27.166	8:7:42.471	7:48:29.851	7:56:41.965	8:2:13.362
22	7:27:43.286	7:27:41.833	7:36:4.174	7:19:28.843	7:25:32.729	7:30:19.892
23	7:30:44.133	7:30:58.628	7:38:18.328	7:23:10.179	7:27:53.222	7:33:20.794
24	7:32:8.331	7:32:20.348	7:41:44.147	7:20:48.741	7:29:20.322	7:35:10.144
25	7:28:27.155	7:28:19.530	7:37:52.453	7:20:28.041	7:26:2.510	7:31:16.551
26	7:27:20.359	7:27:36.762	7:35:10.301	7:18:38.650	7:24:54.917	7:29:30.156
27	7:30:20.141	7:29:48.700	7:37:22.586	7:23:57.682	7:28:38.764	7:32:21.209
28	7:59:28.835	7:59:8.738	8:8:11.290	7:49:42.438	7:56:43.715	8:2:10.926
29	7:27:49.958	7:27:1.601	7:39:36.869	7:16:12.397	7:24:57.543	7:31:37.479
30	7:43:18.224	7:43:30.939	7:50:53.973	7:35:55.685	7:40:56.414	7:45:40.883
31	7:59:3.746	7:59:28.272	8:9:4.442	7:48:56.518	7:56:31.714	8:1:36.327
32	7:26:38.039	7:26:29.959	7:37:11.084	7:16:57.308	7:23:49.471	7:29:53.594
33	7:26:20.840	7:26:6.268	7:36:30.180	7:16:52.516	7:23:1.833	7:29:21.999
34	7:58:17.222	7:58:9.213	8:7:31.858	7:50:41.738	7:55:53.677	8:0:38.871
35	7:26:41.878	7:26:30.558	7:35:0.293	7:17:55.408	7:24:6.189	7:28:52.835
36	7:26:7.071	7:25:48.457	7:34:18.055	7:17:42.412	7:23:50.854	7:28:17.545
37	8:4:44.395	8:4:31.643	8:10:58.675	7:57:40.650	8:2:50.686	8:6:56.372
38	7:31:36.017	7:31:38.281	7:40:17.459	7:23:58.280	7:28:36.457	7:34:4.162
39	7:27:41.891	7:27:55.416	7:37:17.183	7:17:54.242	7:25:10.337	7:30:13.235

实验序号	均值	中位数	最大值	最小值	25%分位数	75%分位数
40	7:58:56.179	7:59:2.125	8:6:52.127	7:50:55.109	7:56:17.895	8:1:21.889
41	7:26:30.722	7:25:48.981	7:34:41.857	7:19:51.382	7:24:4.234	7:28:29.744
42	7:25:41.623	7:25:53.413	7:34:23.014	7:15:10.065	7:22:57.712	7:28:42.253
43	7:32:16.421	7:31:53.668	7:41:36.459	7:24:49.212	7:29:20.929	7:35:26.453
44	7:27:23.273	7:27:42.544	7:35:6.327	7:17:0.262	7:23:56.923	7:30:21.791
45	7:25:23.443	7:25:27.961	7:35:48.332	**7:14:13.948**	7:22:38.195	7:28:33.581
46	7:25:54.812	7:26:12.079	7:35:33.924	7:16:43.052	7:22:54.595	7:29:4.245
47	7:27:46.710	7:28:16.117	7:36:43.127	7:19:0.986	7:25:16.361	7:29:55.964
48	7:31:8.342	7:30:50.722	7:38:57.115	7:23:11.833	7:28:59.542	7:33:39.730
49	7:26:25.435	7:26:32.777	7:33:0.918	7:18:12.267	7:24:33.420	7:28:55.065
50	7:25:18.144	7:25:21.370	7:34:50.643	7:15:55.534	**7:22:23.748**	7:27:58.659
51	7:58:0.174	7:58:23.602	8:5:32.837	7:50:5.354	7:55:57.560	8:0:7.875
52	7:27:3.679	7:27:23.823	7:36:22.387	7:19:17.583	7:24:35.220	7:29:22.925
53	7:30:34.648	7:29:58.026	7:39:38.957	7:21:50.442	7:27:59.060	7:33:41.525
54	7:31:54.563	7:31:58.867	7:39:38.634	7:22:56.242	7:29:12.526	7:34:21.602
55	7:27:9.931	7:27:11.550	7:36:38.418	7:15:5.712	7:23:47.296	7:30:37.109
56	7:26:33.385	7:26:17.679	7:36:30.117	7:18:57.839	7:24:0.763	7:29:7.993
57	7:25:36.219	7:25:21.142	7:32:20.913	7:17:51.615	7:23:8.929	7:27:47.768
58	7:31:5.252	7:30:50.516	7:37:36.865	7:22:43.622	7:28:32.969	7:32:54.506
59	7:28:14.942	7:28:28.114	7:37:53.707	7:17:48.094	7:25:10.208	7:31:32.023
60	8:3:27.102	8:3:21.367	8:13:36.438	7:54:12.734	8:0:47.902	8:6:3.135
61	8:15:18.305	8:15:15.860	8:23:23.647	8:7:27.412	8:13:3.365	8:17:30.207
62	7:30:37.158	7:30:49.275	7:39:47.317	7:22:52.092	7:28:9.640	7:32:54.397
63	7:27:48.143	7:27:55.190	7:38:38.140	7:19:40.051	7:25:20.250	7:30:49.067
64	8:0:18.470	8:0:18.993	8:9:27.579	7:51:17.490	7:57:26.034	8:2:57.227
65	7:26:58.930	7:27:1.456	7:36:42.322	7:15:52.472	7:23:53.541	7:29:54.182
66	7:43:5.610	7:42:46.127	7:51:7.196	7:36:9.743	7:40:41.832	7:45:15.762
67	7:26:19.207	7:25:48.357	7:34:9.644	7:18:10.485	7:24:6.863	7:28:20.509
68	7:31:1.551	7:31:14.768	7:40:50.192	7:23:17.102	7:28:14.239	7:33:26.858
69	7:28:7.540	7:27:46.108	7:36:45.535	7:19:44.836	7:25:46.909	7:30:55.473
70	7:32:4.759	7:31:57.999	7:42:10.343	7:20:22.480	7:29:7.965	7:35:2.685
71	7:27:32.910	7:27:37.846	7:37:24.011	7:19:4.763	7:24:40.981	7:29:58.073
72	7:25:19.757	7:25:14.701	7:34:38.529	7:15:55.743	7:22:29.619	7:28:23.056
73	7:26:43.852	7:26:56.128	7:37:34.608	7:16:23.193	7:24:6.884	7:29:45.196
74	**7:25:9.151**	**7:24:44.924**	**7:31:20.852**	7:17:57.388	7:22:54.293	**7:26:43.812**
75	8:2:23.402	8:2:26.426	8:9:15.837	7:55:41.555	8:0:12.031	8:4:9.290
76	7:30:44.006	7:30:14.160	7:40:21.181	7:22:58.775	7:28:9.963	7:33:31.867
77	7:27:58.974	7:28:0.472	7:36:21.007	7:19:16.890	7:25:34.813	7:30:24.570
78	8:2:33.584	8:2:28.232	8:11:17.662	7:53:16.783	7:59:57.259	8:5:20.298

续表

实验序号	均值	中位数	最大值	最小值	25%分位数	75%分位数
79	7:44:15.032	7:44:33.793	7:51:25.988	7:35:11.853	7:41:53.895	7:46:25.565
80	7:27:55.532	7:28:22.113	7:37:5.399	7:18:49.996	7:25:21.478	7:30:13.806
81	7:59:47.095	7:59:47.261	8:9:59.660	7:50:12.060	7:57:4.229	8:2:43.870
82	7:27:40.487	7:28:7.901	7:37:3.999	7:18:18.434	7:24:17.417	7:31:5.112
83	7:31:16.949	7:31:6.455	7:38:49.421	7:21:43.682	7:28:48.033	7:33:49.923
84	7:31:52.662	7:31:43.218	7:39:12.735	7:24:42.077	7:29:27.854	7:33:59.517
85	7:27:41.619	7:27:59.161	7:36:2.870	7:19:15.246	7:24:31.761	7:30:16.845
86	7:25:41.822	7:25:19.381	7:35:43.156	7:15:52.830	7:23:3.361	7:28:41.227
87	7:30:38.484	7:30:37.656	7:36:41.187	7:24:13.828	7:28:54.459	7:32:25.233
88	8:0:22.724	7:59:52.181	8:9:55.861	7:50:26.275	7:57:21.306	8:3:5.919
89	7:27:37.074	7:27:36.536	7:37:46.498	7:20:15.089	7:25:14.907	7:30:17.979
90	7:43:19.318	7:43:18.712	7:51:25.502	7:36:4.869	7:40:48.539	7:45:39.393

注：黑体数字表示当前列的最小值。

4.4　与算法相结合的仿真优化

4.4.1　生产计划仿真优化

1. 概述

在传统的车间计划安排中，一般是由相关工作人员依靠经验制订计划方案，往往缺乏对整体计划安排的考虑和科学的定量分析。随着计算和运筹学的发展，出现了对各种类型的车间引入数学模型并通过智能优化的方法进行求解的方法。而简单抽象和忽略细节因素的数学模型往往不能对复杂车间进行准确描述，对复杂车间投产计划的优化效果甚微。结合生产系统仿真的优化技术与传统优化技术相比，其最大的优点是能够对存在物流、人力资源调度和随机因素的复杂车间进行准确描述，对各种生产排程方案进行准确且更贴近现实的比较和评价。在生产系统仿真软件中，与算法相结合的生产计划仿真优化的一般流程如下：

（1）创建仿真模型。

（2）定义优化目标。生产系统仿真优化目标可以涉及车间的各个方面，如计划调度、物流效率优化、设施布局优化、资源调度优化等。以生产计划的优化为例，生产计划的性能指标可以分为最大能力指标、成本指标、客户满意度指标三类。涉及生产效率与周期的指标一般可归为最大能力指标；涉及库存、利润、费用等内容的指标一般可归为成本指标；涉及生产延迟、交货期等内容的指标一般可归为客户满意度指标。常用的指标包括最大完工时间、交货期满意度等。

（3）定义所选用的算法框架。常用的算法有遗传算法、粒子群算法、禁忌搜索算法、模拟退火算法等。

（4）定义输入参数及编码形式。基于所采用的智能优化算法，将生产系统仿真模型中的参数转化为智能优化方法的编码形式,编码形式包含了对所优化问题约束的体现,需要结合具体问题考虑采用不同的编码方式。例如:对于流水车间调度问题一般采用正整数编码,对于柔性作业车间调度问题,一般采用 MSOS 两段式整数编码方式。

（5）定义仿真运行的初始化方法。该方法在每一个个体的仿真开始前自动执行,主要是实现个体染色体的解码过程。例如:对于流水车间调度问题,将正整数编码解码为投产的顺序,作为仿真模型的输入参数。

（6）定义算法的参数。针对所选择的优化算法初始化参数,以遗传算法为例,其参数包括种群数、优化代数、交叉算子、变异算子及交叉变异概率等。

（7）定义仿真结束前方法。该方法在每一个个体的仿真结束前自动执行,主要作用是根据仿真结果计算评价函数值,例如计算遗传算法中的个体适应度。

（8）仿真优化的自动运行。

（9）优化结果的保存、输出与分析。

2. 生产计划单目标仿真优化

如图 4-8 所示,这是一个并行流水车间的案例,"入口"处产生 5 类工件 A、B、C、D、E,均须经过 3 道工序的加工。工序 1 可以在 M001 或 M002 上进行加工,工序 2 可以在 M003 或 M004 上进行加工,工序 3 可以在 M005 或 M006 上进行加工,加工完毕成品进入"出口"。

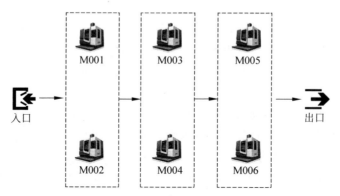

图 4-8　生产计划单目标仿真优化模型示例

相关的基础数据如下:

（1）A、B、C、D、E 各投入 5 个,共 25 个,在 0 时刻同时投产。

（2）5 类工件在每台设备上加工的时长均不相同,加工时长见表 4-5。

表 4-5　工件加工时长表

工件	工序 1		工序 2		工序 3	
	M001	M002	M003	M004	M005	M006
A	5:0	15:0	8:0	17:0	35:0	12:0
B	18:0	28:0	12:0	8:0	15:0	15:0

续表

工件	工序 1		工序 2		工序 3	
	M001	M002	M003	M004	M005	M006
C	11:0	35:0	16:0	36:0	6:0	21:0
D	8:0	22:0	25:0	46:0	7:0	36:0
E	20:0	11:0	38:0	38:0	13:0	16:0

不同的投产顺序其工件总完工时间不同,25 个工件投产顺序的组合数为 25!,无法通过仿真实验设计得到最佳的批次投产顺序,下面通过智能优化算法结合仿真进行优化:

(1) 创建仿真优化对象的仿真模型。

(2) 优化目标为最小化最大完工时间。

(3) 定义算法框架,即选择遗传算法框架,其流程图如图 4-9 所示。

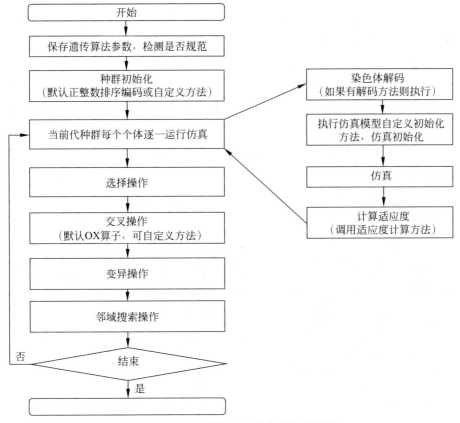

图 4-9　基于遗传算法的仿真优化流程图

(4) 定义输入参数及编码形式。输入参数为 25 个工件的投产顺序,采用正整数编码的方式对染色体进行编码。

(5) 定义解码方法。对染色体进行解码,编码 1~5 位代表 A,编码 6~10 位代表 B,编码 11~15 位代表 C,编码 16~20 位代表 D,编码 21~25 位代表 E,染色体长度为 25。解码后的顺序作为新的投产顺序输入仿真模型。

（6）定义算法的参数。种群大小设置为 100,进化代数设置为 100,交叉变异概率分别取 0.8 和 0.1。交叉算子采用部分映射交叉法（partial mapped crossover, PMX）。PMX 的例子如图 4-10 所示,首先选取父代基因的起止位置,交换这两组基因;然后进行冲突检测,子代冲突部分经过映射关系变换为正常的子代染色体。变异算子采用互换变异,即在序列中随机选择两个基因,交换其在染色体上的位置后形成新的后代个体。

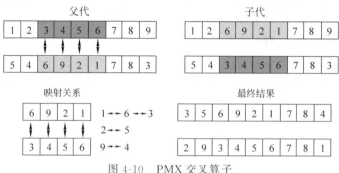

图 4-10　PMX 交叉算子

（7）定义适应度计算方法。通过仿真模型的运行结果,获取仿真完工时间,作为遗传算法的适应度值。

（8）定义邻域搜索方法。针对部分较优个体,执行邻域搜索,获得改进后的个体。

（9）仿真优化自动运行。

（10）得到优化结果。最优生产顺序为 AECDCAAEBDBDECCEDCBEABABD。仿真初始结果值为 14 小时 22 分钟,优化后的结果值为 12 小时 7 分钟,适应度收敛曲线如图 4-11 所示。

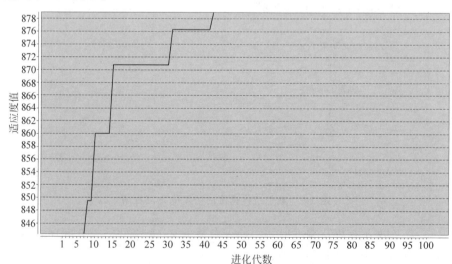

图 4-11　适应度收敛曲线

3. 生产计划多目标仿真优化

下面通过一个复杂车间生产计划优化示例来介绍多目标仿真优化方法。图 4-12 所示为某焊接车间仿真模型,相关的基础数据如下:

(1) 车间布局如图 4-12 所示,面积约 1.6 万 m^2,生产运载火箭贮箱等大型复杂结构零件,车间在使用的设备或区域共 12 个,包括无损检测设备 2 台、XX-4/5/6 总对接设备各 1 台、缓冲区和工装停放区域、数控悬臂式搅拌摩擦焊设备 1 台、立式纵缝搅拌摩擦焊设备 1 台、铣边机 1 台、数控立车 1 台、实验设备 1 台、箱底空间曲线搅拌摩擦焊设备 1 台。

(2) 车间生产 XX-4、XX-5 和 XX-6 三类贮箱产品,产品的生产工艺大致相同,将若干壁板、瓜瓣、顶盖和型材框加工成筒段、短壳和单底,再将若干筒段、短壳和单底经过总对接焊接成最后的产品贮箱。贮箱产品 BOM 见图 4-13,工艺流程见图 4-14。

多目标遗传算法在 FS 中的实现及应用

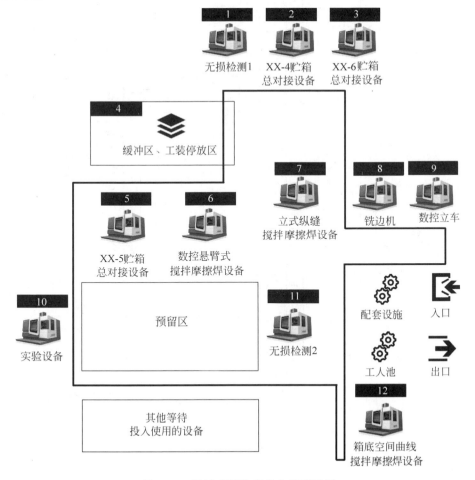

图 4-12　焊接车间仿真优化模型示例

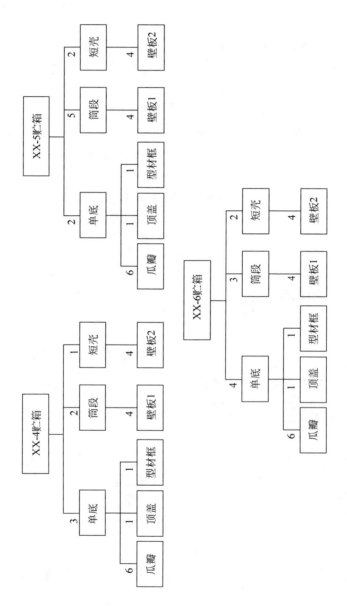

图 4-13　贮箱产品 BOM

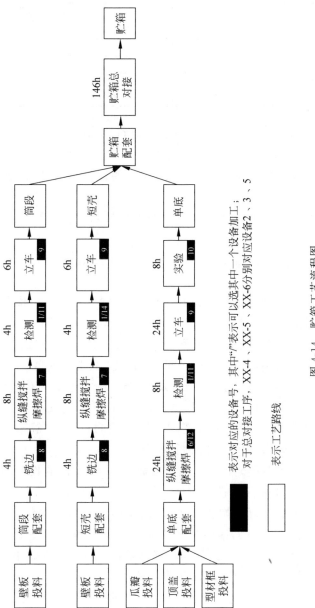

图 4-14　贮箱工艺流程图

（3）该车间某年 XX-4/5/6 贮箱的生产量分别为 13、8、5 个,产品之间的投产间隔为 4 天,3 种贮箱产品所需关键零件的种类及个数见表 4-6。

表 4-6 产品订单表

产品类型	年任务量/个	每个贮箱的关键零件数量/个		
		单底	短壳	筒段
XX-4 贮箱	13	3	2	1
XX-5 贮箱	8	2	2	5
XX-6 贮箱	5	4	2	3
合计	26	75	52	68

（4）该车间采用小车的物流运输方式,物流路线如图 4-12 中的粗线条所示,车间共有 2 辆物流小车。

（5）每道工序需要多名工人进行操作,工人的行走路线和车辆的运行路线基本相同。

（6）该车间设备的加工时间存在一定的随机性,在仿真模型中设定加工时间服从截尾正态分布。

（7）单底零件经过无损检测工序时,存在一定的返工概率,不合格的单底返回立车工序重新加工。

通过多目标智能优化算法结合仿真进行优化,同时考虑多个优化目标,更符合实际生产过程的需求,优化过程如下:

（1）创建仿真优化对象的仿真模型。

（2）优化目标为最小化最大完工时间、最小化设备等待时间。

（3）定义算法为 NSGA-Ⅱ（带精英策略的非支配排序的遗传算法）,与仿真结合的流程与 GA 算法大致相同,其不同点是:①提出快速非支配排序算法获取 Pareto 最优解集,降低了计算的复杂度;②采用了拥挤度比较算子,保证了种群的多样性;③引入精英策略,保证优良的个体遗传至下一代。

（4）定义输入参数及编码形式。输入参数为 26 套产品的投产顺序,采用正整数编码的方式对染色体进行编码。

（5）定义仿真模型运行初始化方法（每次实验的每次观察仿真前自动执行并初始化）。对染色体进行解码,编码 1～13 代表 XX-4,编码 14～21 代表 XX-5,编码 22～26 代表 XX-6,染色体长度为 26。解码后获得新的投产顺序,按投产顺序将产品按照 BOM 分解为相应的零件,最后输入仿真模型。

（6）定义算法的参数。种群大小设置为 50,进化代数设置为 20,交叉变异概率分别取 0.8 和 0.1。交叉算子采用部分映射交叉法（PMX）的方式,如图 4-15 所示,变异算子采用互换变异。

（7）定义适应度计算方法。通过仿真模型运行结果,获取仿真完工时间,并统计每台设备的等待时间,将两个时间值作为适应度返回给算法。

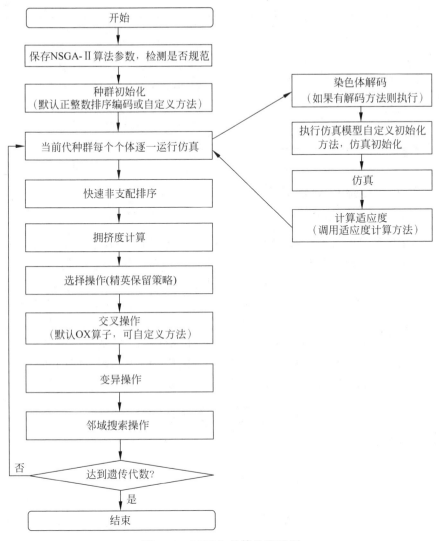

图 4-15　NSGA-Ⅱ算法流程图

（8）定义邻域搜索方法：针对部分较优个体，执行邻域搜索，获得改进后的个体。

（9）仿真优化自动运行。

（10）优化结果见表 4-7，列出了 3 个非支配解（即帕累托解），可以看出，与优化前的结果相比，两个目标值有大幅降低。

表 4-7　多目标优化非支配解集

序号	完工时间	设备等待时间	染色体编码
优化前	123:5:4:54.865	994:22:15:11.517	[1,2,3,4,5,6,7,8,9,10,11,12,13,14,15, 16,17,18,19,20,21,22,23,24,25,26]

续表

序号	完工时间	设备等待时间	染色体编码
优化后	113:6:0:49.067	864:20:33:55.062	[21,5,1,20,26,23,19,12,11,22,6,8,3,14, 2,7,4,25,16,9,18,17,24, 13,15,10]
	113:1:49:0	869:22:19:32.720	[26,6,20,8,22,21,1,5,2,19,17,7,15,23, 12,4,13,25,18,3,24,11,14,10,9,16]
	113:1:6:32.480	869:23:30:7.620	[14,22,8,2,26,18,5,6,19,13,3,23,4,1, 24,9,20,16,25,7,11,15,21,10,12,17]

4.4.2 设施布局仿真优化

1. 设施布局数学模型

实际工厂的设施布局过程需要综合考虑多方面因素,但在数学建模与优化分析时往往无法将所有因素考虑在内,一般主要考虑设施布局的某些关键评价指标,如物流成本。其中块状设施布局模型是此类问题的基本模型,这类模型一般忽略设备的实际形状,将其抽象为矩形,然后按照某些约束对设备进行排列,从而简化建模过程。最常见的块状设施布局模型有二次分配模型、混合整数规划模型与图论模型。

(1)二次分配(quadratic assignment problem,QAP)模型。该模型于1957年由 Koopmans 和 Beckmann 提出,在设施布局中用于解决 m 台设备分配到 n 个位置的问题,目标通常为总搬运费用最小。其模型为:

$$\min z = \sum_{j=1}^{n} \sum_{k=1}^{n} \sum_{b=1}^{n} \sum_{l=1}^{n} c_{jkbl} x_{jk} x_{bl} \tag{4-1}$$

约束条件为:

$$\sum_{j=1}^{n} X_{jk} = 1, \quad k = 1,2,l,\cdots,n \tag{4-2}$$

$$\sum_{k=1}^{n} X_{jk} = 1, \quad j = 1,2,l,\cdots,n \tag{4-3}$$

式中　z——总搬运成本;

　　　c_{jkbl}——当新设备 b 定址在 l 处时,将新设备 j 定址到 k 的成本;

　　　x_{jk},x_{bl}——只取 0 或者 1,当 x_{jk} 取 0 时表示设备 j 没有安排在地点 k 处,当 x_{jk} 取 1 时表示设备 j 安排在地点 k 处。

约束条件中:式(4-2)保证一台设备只能放置于一个地点;式(4-3)保证第一地点只能放置一台设备。

(2)混合整数规划(mixed integer programming,MIP)模型。该模型考虑了设施的形状约束,根据每个设施需要的最小长宽将其划分为宽度不等的矩形,然后将这些形状不同的"矩形"布置于规划区域内,可按行布置亦可随机布置。混合整数规划模型可用于求解不规则设施的多行布置问题,考虑的空间约束与目标函数一般比二次分配模型复杂。其基本模型为:

$$\min z = \sum_{i=1}^{n} \sum_{j=1}^{n} (|x_i - x_j| + w|y_i - y_j|) \cdot m_{ij} \tag{4-4}$$

约束条件为：

$$l_i/2 \leqslant x_i \leqslant L - l_i/2 \tag{4-5}$$

$$|x_i - x_j| \geqslant (l_i + l_j)/2 \tag{4-6}$$

$$y_i \in Z \tag{4-7}$$

式中　x_i——设备 i 的横坐标，在实数范围内变动；

　　　　y_i——设备 i 所在的行数，为正整数集。

约束条件中：式(4-5)保证设备在横向位置不超出空间区域；式(4-6)保证设备之间不会互相干涉。

（3）图论(graph theory)模型。该模型将设备的布置区域看作一个点线图，所有设备被抽象成一个节点，设备之间的物流用节点间的连线来表示。其目标通常是毗邻最大化，即定义不同设备之间的密切程度，衡量不同布局下设备的总相邻收益。这种模型只考虑设备之间的邻接关系，忽略设备间的真实距离、实际形状等因素，是设施布局早期常用的一种布局方法。其基本模型为：

$$\max z = \sum_{i \in E} \sum_{j \in E} w_{ij} x_{ij} \tag{4-8}$$

其中，

$$x_{ij} = 1\{i,j\} \in N \tag{4-9}$$

$$x_{ij} = 0\{i,j\} \in F \tag{4-10}$$

式中　z——相邻最大化收益值；

　　　　w_{ij}——设备 i 和 j 之间的相邻收益；

　　　　x_{ij}——取 0 时表示两台设备不相邻，否则表示相邻；

　　　　N——需要邻接的设备对集合；

　　　　F——不能邻接的设备对集合。

2. 设施布局仿真优化示例

如图 4-16 所示的制造车间，"入口"处产生 3 类零件 A、B、C，由缓冲区 1 将 3 类零件投放到设备中，之后 3 类零件根据各自的加工路径，通过脚本方式选择对应的加工设备，加工完成后通过缓冲区 2 流至出口。

相关的基础数据如下：

（1）A、B、C 3 类零件按顺序投放，共计 30 个，相邻零件的投产时间间隔为 1min。

（2）零件 A 的加工路线为"车床—钻床—磨床"。零件 B 的加工路线为"车床—铣床—磨床"，零件 C 的加工路线为"铣床—钻床—磨床"。

（3）4 类设备对于 3 类零件的加工时间分别为 2min。

显然，4 类设备的位置对整个生产过程中的物流成本有影响。为了降低物流成本，在仿真模型中使用遗传算法对此二次分配模型进行求解，具体步骤如下：

图 4-16　优化前的车间模型

（1）创建仿真优化对象的仿真模型。

（2）定义优化目标为最小化物流成本。

（3）定义算法框架，即选择遗传算法框架。

（4）设置观察的设备和零件。在此案例中除了入口、出口这两个逻辑设备外，其他设备均需观察。其中缓冲区 1、缓冲区 2 的位置固定，在位置优化过程中，缓冲区 1、缓冲区 2 的位置不动，其他设备位置均可调整；选择须观察的零件为 A、B、C，同时设置对应零件的单位搬运成本均为 1。

（5）定义编码方法。对设备放置顺序采用正整数编码方法进行编码。

（6）定义解码方法。对染色体进行解码的过程，即是获取设备位置的过程，如图 4-17 所示，第 2 个个体的第 9 台设备放置在位置 5，第 2 台设备放置在位置 6。

（7）设置算法参数。设置种群大小为 20，迭代次数为 100，交叉率为 0.8，变异率为 0.2；在图 4-17 中，编号 1、11 分别表示缓冲区 1 与缓冲区 2，其位置不变，不参与交叉操作；编号 2～10 分别表示 9 台加工设备，通过图 4-17 所示的 PMX 交叉方式完成个体之间的交叉操作。

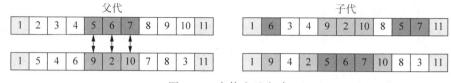

图 4-17　个体交叉方式

（8）定义适应度计算方法。各设备之间总物流成本的计算方法见式(4-1)。

（9）开始优化。优化后的车间模型如图 4-18 所示。

图 4-19 是该示例的遗传算法迭代曲线，其中实线表示每代中的最优个体适应度值，虚线表示每代中的平均个体适应度值，点画线表示每代中的最差个体适应度值。

图 4-18　优化后的车间模型

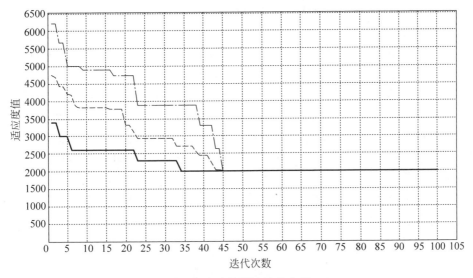

图 4-19　遗传算法迭代曲线

4.4.3　机器学习方法

1. 概述

机器学习(machine learning，ML)是一类算法的总称,这些算法试图从大量历史数据中挖掘出其中隐含的规律,并用于预测或者分类,更具体来说,机器学习可以看作是寻找一个函数,输入是样本数据,输出是期望的结果,只是这个函数过于复杂,以至于不太方便进行形式化表达。机器学习方法可按如下方式分类:

(1) 按任务类型分类,机器学习模型可以分为回归模型和分类模型。回归模型又叫预测模型,输出是一个不能枚举的数值;分类模型又分为二分类模型和多分类模型。

（2）按方法的角度分类，机器学习模型可以分为线性模型和非线性模型。线性模型较为简单，但作用不可忽视。线性模型是非线性模型的基础，很多非线性模型是在线性模型的基础上变换而来的。非线性模型又可以分为传统机器学习模型（如 SVM、KNN、决策树等）和深度学习模型。

（3）按学习理论分类，机器学习模型可以分为有监督学习、半监督学习、无监督学习、迁移学习和强化学习。训练样本带有标签时是有监督学习；训练样本部分有标签，部分无标签时是半监督学习；训练样本全部无标签时是无监督学习；迁移学习就是把已经训练好的模型参数迁移到新的模型上以帮助新模型训练；强化学习用于解决智能体在与环境的交互过程中通过学习策略以达成回报最大化或实现特定目标的问题。

2. 机器学习在生产系统仿真中的应用

机器学习的相关算法在生产系统中也有广泛的应用。在机器学习的诸多算法中，BP 神经网络（Neural Network，NN）是一种简单高效的算法。下面以 BP 神经网络为例来介绍机器学习在生产系统仿真中的应用。

在图 4-20 所示的案例中，由"入口"产生 A、B 2 种零件，共计 10000 个，相邻零件产生的时间间隔为 20s。零件 A 依次通过加工站 1、加工站 2、加工站 3 和加工站 4 完成加工；零件 B 依次通过加工站 5、加工站 6、加工站 7 和加工站 8 完成加工。加工站 1 至加工站 8 均可以有 1～10 台并行设备，每台并行设备的加工时间均为 1min。显然，加工站上并行设备的数量会影响总完工时间。为了使总完工时间最小的同时设备数最少，需要优化每个加工站上的设备数量。如果通过仿真实验设计的方式，统计每一种参数组合下的总完工时间，则存在 10^8 种可能。组合数太大，实验设计无法完成。

图 4-20　BP 神经网络应用示例

下面通过少量的仿真实验，生成一定的数据集，再使用 BP 神经网络，则可以对每一种参数组合进行预测。设置加工站 1～8 并行设备的数量范围依次为(1,4,7),(2,5,8),(3,6,9),(4,7,10),(1,4,7),(2,5,8),(3,6,9),(4,7,10)，仿真实验设计的参数组合减少为 $3^8=6561$ 种。仿真实验设计的结果如图 4-21 所示。

将 6561 种参数组合结果作为 BP 神经网络的数据样本，以此样本训练神经网络模型，在训练过程中的误差迭代曲线如图 4-22 所示。

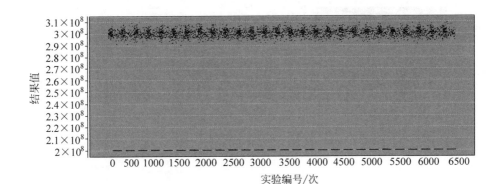

图 4-21　仿真实验设计结果

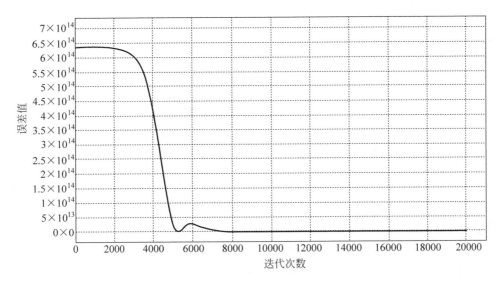

图 4-22　误差迭代曲线

使用训练好的神经网络模型,只需要给出各个加工站并行设备数量的组合,通过预测即可得到任意参数组合下的总完工时间。与设置参数组合后,需要运行仿真模型才能得到总完工时间的方式相比,使用 BP 神经网络可以在相对短的时间内完成非常庞大的计算量,从而提高数据分析效率。

第5章

生产系统建模与仿真软件

第2～4章介绍了建模与仿真的基本原理,基于这些原理所构建的仿真软件统称为离散事件系统仿真软件,它们的种类很多,应用领域也非常广泛,除了生产制造、仓储物流等工业领域外,还包括社会、服务、军事、交通运输等非工业领域。本章以国产仿真软件 FactorySimulation 为对象,详细介绍生产系统建模与仿真的具体应用过程。

5.1 生产系统建模与仿真软件概述

FactorySimulation(以下简称 FS)是华中科技大学"国家智能设计与数控技术创新中心"自主研发的生产系统建模与仿真软件,可对标 1.5.2 节中介绍的国外同类产品。FS 以离散事件仿真理论为基础,以 Java 为开发平台,实现了仿真建模、仿真引擎、仿真动画、仿真分析、仿真优化等全部功能,可应用于复杂离散型生产系统的模拟运行和性能的定量分析优化,是面向智能工厂的"CAE"软件。

5.1.1 FS 的基本应用流程及技术特点

1. FS 软件的基本应用流程

首先,针对规划中或正在运行的物理工厂,利用 FS 软件对车间、生产线、仓储物流的布局进行图形化建模,正确排布设备、缓冲区、出入口、生产线及工位的位置,灵活设置生产和物流过程的基本逻辑,包括工艺路线(即工件在设备/缓冲区之间的流转顺序)、作业工时(即工件在设备上的加工/装配时间)、物流方式(机器人、小车、传送线等)及其他重要的生产参数,并设置工件或订单进入生产系统的规律,模拟各种随机异常因素,定义工厂日历和各种调度规则,通过上述过程完成虚拟工厂建模。

然后,设计仿真实验并启动仿真运行,仿真引擎在极短时间内快速完成较长物理时间的运行模拟,详细记录仿真过程数据,经统计计算得到关于时间、利用率、在制品数量、成本、资源和能源消耗等方面的重要数据,通过对这些数据的分析,定量评估工厂的性能,辅助工程师进行工厂诊断和设计方案改善,可通过多次仿真运行进行迭代优化。

最后,利用系统提供的脚本编程、甘特图、Socket 通信、实验设计、遗传算法、神经网络等应用工具,实现更为灵活、更为直观、更为强大的生产系统仿真分析与优化,包括预测性分析(predictive analysis)和指导性分析(prescriptive analysis)。

2. FS 软件的技术特点

FS 软件的技术特点如下:

(1) 建模元素丰富。支持图形化的生产系统仿真建模;支持面向对象建模,包含几十种建模元素;支持多层级建模与仿真。

(2) 分析能力全面。支持生产系统能力和效率的全方位仿真分析,包括生产效率、物流性能、资源利用率、瓶颈分析、随机因素影响分析、时间/成本/消耗分析等,还支持生产计划的仿真与执行预演。

(3) 优化能力强。支持实验设计(DOE)、遗传算法(GA)、神经网络(NN)等主要的优化方法,并可定制嵌入各类优化算法,或者与其他分析优化软件进行集成。

(4) 仿真精度高,可精确到毫秒。

(5) 仿真速度快,可在分/秒级时间内完成 1 年物理时间的仿真运行,并且支持并行仿真。

(6) 数据记录细,仿真引擎可自动记录多达千万条仿真过程数据。

(7) 定制开发能力强,提供了灵活、强大的 Java 脚本定制开发功能,用户可以自定义建模对象。

(8) 图表多样,其支持十几种类型的数据图表显示,包括柱状图、饼形图、连线图、甘特图、盒形图、仪表盘、直方图等。

(9) 动画多样,可定制的仿真过程动画包括平面动画和三维动画。

(10) 集成接口丰富,包括 Socket 通信、Excel、数据库等。

(11) 跨平台、多应用界面。软件支持所有主流操作系统;既支持桌面应用,也支持基于 HTML5 的 Web 应用。

最关键的是,由于 100% 自主研发,FS 的所有底层功能都是可修改、可扩展的,因此,可以将 FS 仿真引擎嵌入其他软件中,或者与外部算法相结合,从而实现深度定制开发,这是国外软件难以实现的。

5.1.2　FS 模型构成元素的类图

遵从面向对象(object-oriented,O-O)的思想,将生产系统的各种构成元素(包括物理实体和逻辑实体)抽象为"类"(class)并对其继承关系进行描述,形成 FS 的类图,如图 5-1 所示,通过这几十个类,可实现生产系统中对象、数据和活动的建模。

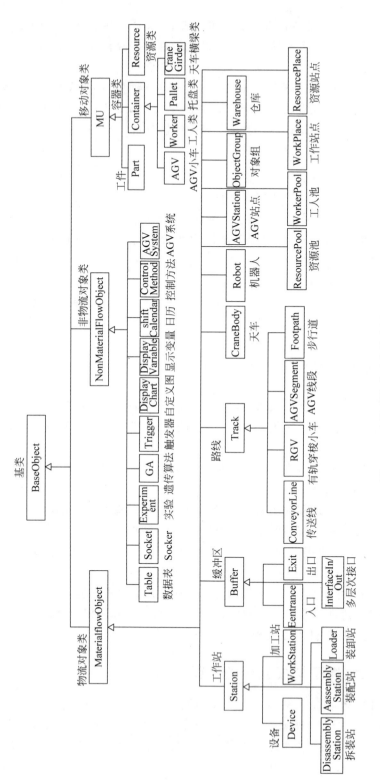

图 5-1　FS 模型构成元素的类图

其中，抽象类 BaseObject 是所有类的基类，由它派生出三个抽象子类：物流对象类 MaterialFlowObject、非物流对象类 NonMaterialFlowObject、移动对象类 MU。三者的区别如下：

（1）MaterialFlowObject 的子类一般是物理存在的静态生产设施，包括设备、加工站、装配站和拆装站、缓冲区、仓库、各种物流设施等，这些对象具有尺寸、位置等几何属性，在建模时通常要和物理对象的坐标保持一致。

（2）NonMaterialFlowObject 的子类一般是逻辑控制对象，包括数据表、方法、触发器、甘特图和利用率等图表对象、仿真实验和遗传算法等分析工具、AGV 系统等，物理世界中不存在这些对象。

（3）MU 的子类是物理存在的移动对象，包括工件、资源、托盘、小车、工人等。和建模阶段静态创建的 MaterialFlowObject 对象不同，MU 是在仿真运行前或仿真运行过程中动态创建的。工件（Part）是最常见的 MU 子类，它既可以表示机械中的"零部件"，也可泛指其他需要操作处理的对象，比如所服务的客户、在处理的项目任务等。

5.1.3　FS 的主界面

如图 5-2 所示，FS 的主界面包含 10 个区域，其含义解释如下：

（1）模型面板区。图形化显示仿真模型的各个对象及其关系，仿真运行时可显示动画。

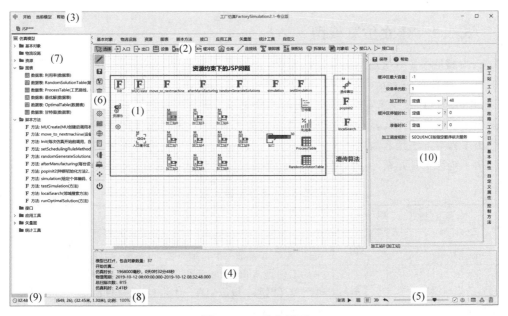

图 5-2　FS 的主界面

（2）建模工具箱。包括九大类建模工具：基本对象、物流设施、资源、图表、脚本方法、应用工具、矢量图、统计工具和自定义。建模时可拖拽到模型面板区，形成模型的具体对象。

（3）主菜单。打开新模型，以及针对当前模型的一些操作或设置。

（4）控制台。显示仿真建模和仿真运行过程中的一些动态提示信息。

（5）仿真控制工具栏。包括启/停/暂停/重启仿真、动画速度调整、仿真参数设置、仿真过程数据浏览等。

（6）基本操作工具栏。针对当前仿真模型的常见操作，包括模型属性设置、全局变量定义、工厂日历定义等。

（7）仿真模型结构树。以树形结构显示模型中的各个元素。

（8）位置提示信息。显示鼠标的当前位置，包括屏幕像素位置和物理位置，以及缩放比例。

（9）仿真时钟。仿真过程中，时钟不断变化。

（10）对象属性。显示/编辑模型面板中所选择对象的属性。

5.2 FS 的使用过程

下面分 8 个步骤介绍 FS 的使用过程。其中 5.2.1 节～5.2.3 节属于仿真建模阶段，5.2.4 节～5.2.6 节属于仿真运行阶段，5.2.7 节与 5.2.8 节属于仿真分析与优化阶段。

5.2.1 建立仿真模型

为满足第 2 章所述的仿真建模要求，FS 提供了九大类建模元素，可通过鼠标拖拽的方式，将任意一个元素添加到仿真模型并自动创建一个对象，然后进行对象属性设置，并可通过连接线来定义对象之间的关联关系。表 5-1 列出了基本对象元素，表 5-2 列出了物流设施元素，表 5-3 列出了资源对象元素，表 5-4 列出了图表对象元素，表 5-5 列出了脚本方法元素，表 5-6 列出了应用工具元素，表 5-7 列出了矢量对象元素，表 5-8 列出了统计工具元素，另外，用户可以自定义建模元素，并放置在"自定义"工具栏中。

表 5-1 基本对象元素

对象类型	图标	说　　明
入口 Entrance	→]	产生工件和投放订单的地方，每个仿真模型一般至少有一个入口，入口可能是一个物理对象，也可能仅是一个逻辑对象
出口 Exit	[→	一旦工件进入出口，表明生命周期已结束，不再参与仿真。每个仿真模型一般至少有一个出口，出口可能是一个物理对象，也可能仅是一个逻辑对象
设备 Device	🖳	不带输入缓冲区的单台设备，它处理工件需要花费一定的随机时间，并且任意时刻只能处理一个工件

续表

对象类型	图标	说　　明
加工站 WorkStation		自带缓冲区的并行加工站中心,缓冲区可存放待加工工件,包含多个并行加工单元,每个单元具有相同的能力
缓冲区 Buffer		存放工件的临时缓存队列,默认是无限容量,默认离开规则为"先进先出",工件在缓冲区中须停留一定时间(默认停留时间为 0)
物流仓库 Warehouse		物料的固定存储场所,支持出入库操作
连接线 Connector		两个物流对象之间的连接线,表示"前驱-后继"关系,如果未自定义脚本方法,工件自动按连接线进行流转,连接线可定义路由控制方法,从而控制不同工件的流向
装卸器 Loader		将工件从当前物流对象搬运到下一物流对象,可以代表机器人、工装、人等对象,如果多个工件呼叫同一个装卸器,则需要排队等待服务,服务规则包括先进先出、按优先级等
装配站 AssemblyStation		自带缓冲区的装配工作站,根据 BOM 的定义,如果缓冲区的工件已齐套,则将这些工件组装成新部件
拆装站 DisassemblyStation		自带缓冲区的拆卸工作站,根据 BOM 的定义,将一个部件拆成多个工件
对象组 ObjectGroup		对象组、对象组入口和对象组出口一起用于实现生产系统的多层次建模。在高层次,对象组就是一个对象;在低层次,对象组里面可以包含多个子对象
对象组入口 InterfaceIn		通过连接线连接对象组时,当工件移入对象组后,自动进入"对象组入口",如果"对象组入口"不存在,则报错
对象组出口 InterfaceOut		对象组如和其他对象通过连接线连接时,则工件进入对象组的"对象组出口"后,工件自动从该出口离开并进入连接线的后继

表 5-2　物流设施元素

对象类型	图标	说　　明
传送线 ConveyorLine		用于模拟运输工件的自动化流水线,包括线头、线尾和多个工作站点,工件可以从任一站点进出,工件在传送线上的停留时间取决于线长、线速、进出位置等因素
自动导引小车系统 AGVSystem		用于模拟 AGV 调度与控制系统,它由 AGV 站点、AGV 线段、AGV 路线、AGV 小车、AGV 任务等对象构成
AGV 站点 AGVStation		AGV 的停靠站点,一条 AGV 路线由多个 AGV 站点及其间的连接线段构成
AGV 线段 AGVSegment		AGV 站点之间的连接线段,可以是多边折线
有轨穿梭小车 RGV		用于模拟有轨穿梭小车,机器人沿 RGV 轨道来回移动,将工件从一个位置移动到另一个位置,或者实现上下料操作

续表

对象类型	图标	说　　明
天车 CraneBody		用于模拟天车或行车,天车沿轨道在空中运行,通过横梁吊臂将工件从一个位置搬运到另一个位置

表 5-3　资源对象元素

对象类型	图标	说　　明
工人池 WorkerPool		产生和存储工人的地方。工人接到任务后,从工人池移动到工作站点,处理完后回到工人池
工作站点 WorkPlace		工人工作的场所,一般位于设备旁边
步行道 FootPath		工人行走的路线
资源池 ResourcePool		存放资源(工装、工具等)的场所
资源站点 ResourcePlace		设备旁边的资源站点

表 5-4　图表对象元素

对象类型	图标	说　　明
数据表 Table		存取数据的表格对象,二维列表形式。脚本方法可以非常灵活地访问 Table 中的数据,Table 数据随仿真模型一起实现持久化
显示变量 DisplayVariable		在模型面板中显示数据的动态变化,数据来自物流对象属性,或者全局变量
备注 Comment		编辑/浏览模型的备注提示信息
甘特图 Gantt		根据进出设备的时间,自动生成任务执行历史的甘特图
设备利用率 Utilization		根据设备历史状态统计,自动生成设备利用率柱状图,设备的状态包括 Working、Waiting、Blocked、Failed、UnPlanned 等
在制品分析 WIP		根据仿真运行历史,显示每个物流对象中工件数量的变化过程
工件通过时间 CycleTime		根据仿真运行历史,统计每个工件通过时间中的各类时间占比,包括工作时长、等待时长、运输时长、阻塞时长等
自定义图 DisplayChart		在模型面板中显示的自定义图,包括柱状图、饼形图、时序连线图等

表 5-5　脚本方法元素

对象类型	图标	说　明
控制方法 ControlMethod	**F**	自定义脚本方法,实现复杂的仿真调度和控制逻辑,并实现数据存取操作。控制方法的编辑语言为 Java,可自动编译并由仿真引擎自动执行
触发器 Trigger		基于时间的触发器,在预定时间,自动调用处理方法,完成响应操作
观察器 Observer		监视对象属性的变化,如果有变化,则自动执行预定义的方法

表 5-6　应用工具元素

对象类型	图标	说　明
套接口字 Socket		用于实现基于 TCP/UDP 协议的 Socket 通信,启动 Socket 服务器,可接收来自外部程序的指令数据,同时作为客户端,也可以反馈或主动向外部程序发送数据
仿真实验 Experiment		设计仿真实验,定义实验输入参数和输出参数,通过仿真实验,确定参数水平的最佳组合
遗传算法 GA		通过遗传算法,结合仿真,进行优化求解,比如订单排序优化
多目标遗传算法 NSGA-Ⅱ		考虑多个优化目标的遗传算法
布局优化器 LayoutOptimizer		一整套优化工具,实现车间布局的优化与重构
神经网络 NeuralNet		基于样本数据训练神经网络模型,并进行预测

表 5-7　矢量对象元素

对象类型	图标	说　明
本文矢量 TextGraph	**T**	定义在模型面板指定位置上显示的文本,文本的内容、大小、颜色都可以设置
直线矢量 LineGraph	/	定义在模型面板指定位置上显示的直线,线长、线宽、颜色都可以设置
圆形矢量 CircleGraph	◯	定义在模型面板指定位置上显示的圆形,线宽、颜色都可以设置
矩形矢量 RectGraph	▢	定义在模型面板指定位置上显示的矩形,线长、线宽、颜色都可以设置
圆角矩形矢量 RoundRectGraph	▢	定义在模型面板指定位置上显示的圆角矩形,线长、线宽、颜色都可以设置
测距 Dist		测量两点之间的直线距离
图片 ImageGraph		定义在模型面板指定位置上显示的图片

表 5-8　统计工具元素

对象类型	图标	说　　　　明
样本生成 GenerateSamples		生成符合特定分布的样本数据,分布类型、样本量可自定义
回归分析 RegressAnalysis		拟合出样本数据的回归曲线,并进行预测
方差分析 VarianceAnalysis		对样本数据进行单向方差分析
聚类分析 ClusterAnalysis		对样本数据聚类划分,聚类大小、距离方式可自定义

　　在建模过程中,有时候,生产与物流设施对象的排放位置很重要,特别是当要开展物流性能分析时,因为对象位置和几何距离会影响物流时间。为了确保对象在模型区的位置和物理位置一致,可以先导入车间的 CAD 布局图作为模型区的背景图片,计算好缩放因子(即一个像素距离表示多少物理距离)并在模型属性中定义,然后将设备、缓冲区等对象摆放到对应位置,如图 5-3 所示,设备位置、AGV 路径等与物理布局一致。

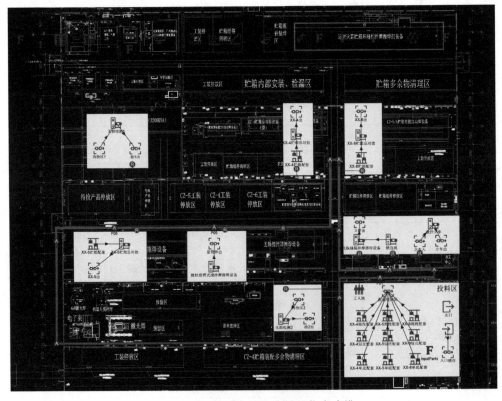

图 5-3　以 CAD 布局为背景的仿真建模

下面通过一个示例来展示仿真建模效果。图 5-4 所示是一个复杂机械制造车间的仿真模型,其基本信息如下:

(1) 车间面积约 1.2 万平方米,分为 12 个区域:焊前加工 1 区和 2 区、加工中心区、小机床区、热处理区、钣金油漆区、内协加工区、外协加工区、装配区、焊后加工 1～3 区。每个区域布置有若干台设备和 1 个中转缓冲区,共计 219 台设备。车间的工艺类型包括焊前机加工、焊接、焊后机加工、热处理、钣金油漆等。

(2) 车间共加工 51 类零件,由 220 种毛坯件经过许多加工、焊接工序而形成,其中加工、热处理等工序共计 2190 道,装配工序共计 100 道,工步合计 1 万多道,所有工序的时间已知。

(3) 车间依据订单表进行生产。毛坯件在入口 Entrance01 处投产,根据工艺流程,工件依次流经各个区域的各台设备,最后变为成品件,从出口 Exit01 处离开。

(4) 车间的物流设施包括 AGV 和天车。工件在每个区域的设备加工完成后,先进入每个区域的临时缓冲区,进行判断,如果下一道工序要流转到其他区域,则呼叫 AGV 进行跨区域运输,如果仍在本区域,则呼叫天车进行区域内搬运。

(5) 通过 AGV 路线实现了 12 个区域的物流连接,共计 24 个 AGV 站点,任意 2 个站点之间可以连通,共计 24×23＝552 条路线,配备 4 台 AGV 进行运输,AGV 的运行速度为 1m/s。

(6) 各种控制规则、数据要素等通过 FS 的 Method、Table 对象进行建模,以确保与实际车间的生产控制与调度逻辑保持一致。

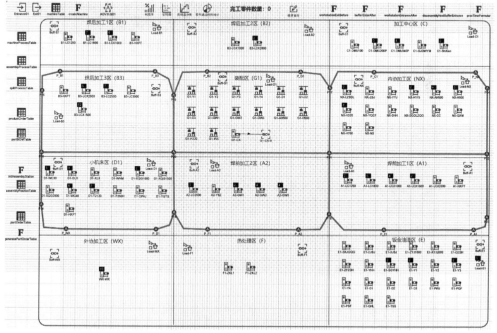

图 5-4　基于 FS 的仿真建模示例(某机械制造车间)

5.2.2　产生随机时间

实际生产系统运行时,一般存在大量不确定因素,比如加工时间不确定、故障发生时刻不确定、订单到达时刻不确定等,针对这些现象,FS 提供了强大的随机模拟功能,可以生成服从正态分布、指数分布、均匀分布、威布尔分布、伽马分布、n 阶埃尔朗分布、三角分布等常见随机分布的时间,还可以通过自定义方法产生更为复杂的随机时间。

如图 5-5 所示,定义该加工站的加工时长服从截尾正态分布: Normal(3:30, 30,2:30,4:30),表示均值为 3 分 30 秒,标准差为 30 秒,最小值为 2 分 30 秒,最大值为 4 分 30 秒。图 5-5(a)是随机时间定义界面,图(b)显示了利用该分布随机生成的 10000 个样本的统计直方图,可以看出,随机模拟的效果非常不错。

当待加工工件进入图 5-5 的加工站后,仿真引擎依据随机分布自动产生一个时间值,并将它设定为工件的处理时长。随机时间的存在导致每次仿真的结果不同,为了评估系统性能,就需要进行多次仿真(>100 次),并以平均值和标准差等统计量作为评价数据。

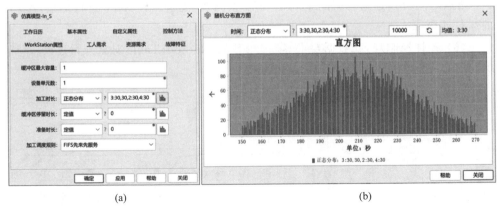

(a)　　　　　　　　　　　　　　　　(b)

图 5-5　仿真运行设置界面

(a) 加工时长服从截尾正态分布;(b) 随机分布的直方图

下面是一个更加复杂的随机模拟例子,某生产系统每天的工件投入遵循以下规律:

(1) 第 0~1 小时,泊松流 $\lambda = 150$,即平均 1 小时到达 150 个工件,平均 24 秒到达 1 个。

(2) 第 1~3 小时,泊松流 $\lambda = 40$,即平均 1 小时到达 40 个工件,平均 90 秒到达 1 个。

(3) 第 3~5 小时,泊松流 $\lambda = 120$,即平均 1 小时到达 120 个工件,平均 30 秒到达 1 个。

（4）第 5～8 小时，泊松流 λ＝36，即平均 1 小时到达 36 个工件，平均 100 秒到达 1 个。

上述工件到达规律需要用图 5-6 所示的脚本方法来模拟实现。

图 5-6　通过脚本方法产生服从复杂随机分布的时间

5.2.3　依据规则投入工件

工件是仿真模型中的动态对象，它的位置和状态随仿真进程不断发生变化。和设备、缓冲区等建模时就定义好的静态对象不同，工件是在仿真启动之后动态创建的，仿真结束时也随之消失。工件的创建（或称工件投入）是推动仿真运行的基础，不同的投入方式对生产系统的性能有很大的影响，在仿真建模时，必须定义好工件的投入规则。

在确定工件投入方式时，需要考虑如下因素：

（1）工件的投入顺序。比如 A、B 两类工件，先投入 A 或先投入 B，结果可能不同；当工件种类很多时，需要通过实验设计或遗传算法等方法来确定最佳投入顺序。

（2）每次投入的批量。投入批量过小，会造成产品切换过多，影响产量；投入批量过大，可能导致瓶颈设备负荷加剧，也会影响产量。因此，存在最佳批量，需要进行仿真优化。

（3）投入的时间间隔。在相同批量的情况下，投入间隔越短，单位时间的产出量越高，但当间隔短到一定程度时，再缩短间隔，会造成生产拥塞，反而降低了单位时间的产出量，因此，存在最佳的投入时间间隔，需要进行仿真优化。

（4）用户订单或生产纲领要求。比如生产纲领规定 A、B 两类工件分别占比70％和30％，则投入时须遵从这样的比例，如果用户订单已知，则须按订单要求量投入工件。

总之，工件投入方式的确定是需要技巧的，采用最佳的投入方式，可以在满足订单交付或生产纲领的前提下，最大化生产能力，或者最小化生产周期，或者最小化在制品数量。

FS 支持多种方式的工件投入，包括：

（1）按指定类型比例、指定时间间隔、指定批量大小投入工件。时间间隔可以是随机量，如图 5-6 所示，通过指数分布的时间间隔可以模拟泊松过程。

（2）依据生产订单表投入工件。生产订单表即工件投入计划表，它规定了每类工件的投入时刻、投入批量和优先级，其中投入时刻可以是随机量。最优订单表可以通过仿真优化手段来确定。

（3）通过自定义脚本投入工件，以满足各种更为复杂的投入规则。

5.2.4 运行仿真

FS 支持三种方式的仿真运行：

（1）人机交互式。在主界面点击"仿真控制工具栏"的运行仿真按钮，启动仿真，仿真开始前可以进行设置，包括仿真次数设定（默认为 1）、仿真模式设置（普通模式和超实时模式的区别见第 3 章）、仿真过程显示设置和仿真结束时间设置。图 5-7 的设定仿真次数为 10，即一次性自动运行 10 次仿真，图 5-7（b）设置仿真运行模式为普通模式，并且仿真过程中不显示动画。

（2）算法调用式。在仿真实验算法或者遗传算法中，可以启动仿真运行，根据算法的参数定义，重复进行若干次仿真，每次仿真前自动更新仿真参数，仿真结束后自动记录每次仿真结果。图 5-8 所示的遗传算法管理器，其种群大小为 100，进化代数为 300，因此，算法进行过程中，将自动运行 $100 \times 300 = 30000$ 次仿真。

（3）消息触发式。通过 Socket 通信实现远程触发启动仿真，比如，在其他软件中向 FS 发送消息，FS 通过 Socket 接收到该消息后，自动启动仿真运行，仿真结束后，通过 Socket 客户端将仿真结果传送回来。如图 5-9 所示，FS 定义了一个 Socket 对象并启动监听线程，一旦有远程消息过来，就自动触发调用 socketCallBack 方法，socketCallBack 是一个自定义方法，该方法的作用就是启动仿真。

基于 Socket
技术实现
Factory-
Simulation
与其他软件
的双向通信

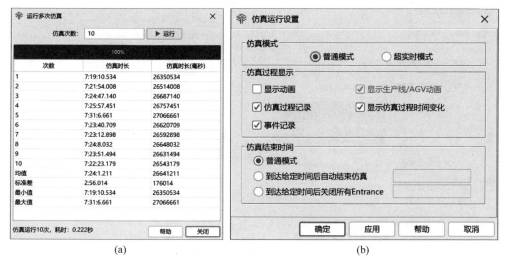

图 5-7　仿真运行设置界面

（a）仿真次数设定；（b）仿真运行设置

图 5-8　遗传算法自动调用仿真

5.2.5　记录仿真过程数据

在仿真过程中，任何时刻、任何对象因事件触发而执行一个操作，都会产生一行记录数据，仿真结束后，这些历史数据汇集成仿真过程记录表 SimulationRecord。图 5-10 所示为图 5-4 中车间模型的仿真过程记录，数据多达 622784 条。仿真过程记录的基本信息如下：

（1）物流对象，即该操作发生的当前位置对象。

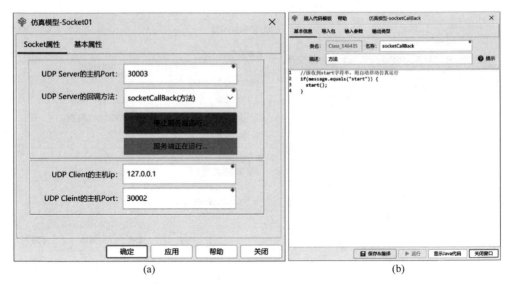

图 5-9　根据 Socket 消息触发仿真

（a）Socket 设置；（b）回调方法

物流对象	单元	对象类型	MU编号	MU类型	事件类型	发生时刻	MU数量	优先
621583 W75(AGV线段)		AGV线段	AGV1	AGV	离开	4:7:59:28.290	0	0
621584 P_D1(AGV站点)		AGV站点	AGV1	AGV	进入	4:7:59:28.290	1	0
621585 AGV1(AGV)		AGV	1002682	PD11B028025_1	离开	4:7:59:28.310	0	0
621586 Buff-D1(缓冲区)		缓冲区	1002682	PD11B028025_1	进入	4:7:59:28.310	1	0
621587 Load-D1(装卸器)		装卸器	1002682	PD11B028025_1	呼叫装卸器	4:7:59:28.310	0	0
621588 P_D1(AGV站点)		AGV站点	AGV1	AGV	结束服务	4:7:59:28.310	1	0
621589 Buff-D1(缓冲区)		缓冲区	1002682	PD11B028025_1	离开	4:7:59:43.310	0	0
621590 Load-D1(装卸器)		装卸器	1002682	PD11B028025_1	进入	4:7:59:43.310	1	0
621591 Load-D1(装卸器)		装卸器	1002682	PD11B028025_1	离开	4:8:0:23.310	0	0
621592 D1-DPHJ(动平衡机)		加工站	1002682	PD11B028025_1	进入	4:8:0:23.310	1	0
621593 D1-DPHJ(动平衡机)	0	加工站	1002682	PD11B028025	安排	4:8:0:23.310	1	0
621594 D1-DPHJ(动平衡机)	0	加工站	1002682	PD11B028025	加工	4:8:0:23.310	1	0
621595 D1-DPHJ(动平衡机)	0	加工站	1002682	PD11B028025	完工	4:8:6:23.310	1	0
621596 D1-DPHJ(动平衡机)		加工站	1002682	PD11B028025	离开	4:8:6:23.310	0	0
621597 Buff-D1(缓冲区)		缓冲区	1002682	PD11B028025	进入	4:8:6:23.310	1	0
621598 Buff-D1(缓冲区)		缓冲区	1002682	PD11B028025	离开	4:8:6:23.310	0	0
621599 Exit01(出口)		出口	1002682	PD11B028025	进入	4:8:6:23.310	306	0

仿真时长：374783.31秒 (4天8时6分23秒310毫秒)

图 5-10　仿真过程记录表

（2）MU 对象，即工件、AGV、工具等移动对象，记录操作发生时正在处理的移动对象。

（3）事件类型，即触发的事件类型，比如离开、进入、呼叫服务等。

（4）发生时刻，可精确到毫秒时间。

仿真过程记录表是生产系统性能统计分析的基础数据，举例如下：

（1）如果针对物流对象进行过滤，比如过滤查看所有"D1-DPHJ（动平衡机）"的数据，就可以统计出该设备的所有状态时长，从而计算出设备利用率。

（2）如果针对工件进行过滤，比如过滤查看"1002682"工件（类型为PD11B028025_1），就可以统计出该工件的通过时间（完成时间－投入时间）及状态时长分布（工作、运输、等待 3 个状态），从而计算出工作时长的占比。

5.2.6　结束仿真

在 FS 中，通过以下几种方式结束仿真运行：

（1）当无操作可发生、无事件可处理时，仿真自动结束。这是一种最常见的情况，当不再有新工件投入时，再过一段时间，先前投入的工件也已完成处理，仿真引擎就自动终止仿真。比如，系统投入了 100 个工件，这些工件全部生产完成，仿真结束。

（2）到达设定的结束时间，仿真结束。比如，规定只仿真某车间一年的生产过程，在到达 1 年时间后，即使再投入工件，仿真也自动结束。

（3）其他预设的停止条件。通过脚本方法，可以灵活定义其他类型的停止条件，比如产出 100 个工件后结束仿真，某关键设备发生 10 次故障后结束仿真，等等。

5.2.7　查看仿真结果

仿真结束后，可查看仿真结果，最简单的结果就是仿真时长和周期，比如图 5-4 的模型，仿真结束后，结果显示：仿真时长为 4 天 8 时 6 分 23 秒 10 毫秒，物理周期为 2019-10-12 08：00：00.000 到 2019-10-16 16：06：23.310。

进一步，可以查看仿真过程记录表（图 5-10）、进度甘特图（图 5-11）等数据。

工件完工后一般会进入"出口"对象，因此浏览出口对象的数据表即可看到产出记录。如图 5-12 所示，这是图 5-4 模型的仿真结果，共产出 306 个产品，每个产品的投入时间、完成时间、通过时间一目了然。

如果要浏览更多的仿真结果数据，一般需要通过自定义脚本来输出数据，仿真引擎先把数据记录在数据表对象或全局变量中，并通过图表等方式显示，数据也可以导出到外部文件，在其他专用软件中（比如 Excel、MATLAB）进行分析。

5.2.8　仿真分析与优化

第 4 章中介绍了各种仿真分析与优化方法，这些方法在 FS 中已经实现。下面以图 5-4 的车间为例，展示一下分析结果。

（1）设备利用率分析。

仿真周期内的设备利用率如图 5-13 所示。可以看出，大部分设备的利用率不高，说明车间负荷极限尚未达到，产能未能全部发挥。

（2）工件通过时间分析。

任取一种工件类型，比如 PQT3380304，它的 6 个工件的通过时间变化如图 5-14 所示，可以看出，通过时间比较稳定，说明生产负荷不高。

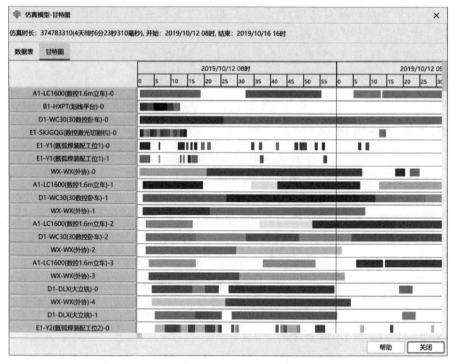

图 5-11 进度甘特图

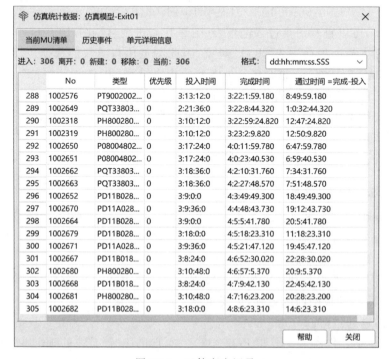

图 5-12 工件产出记录

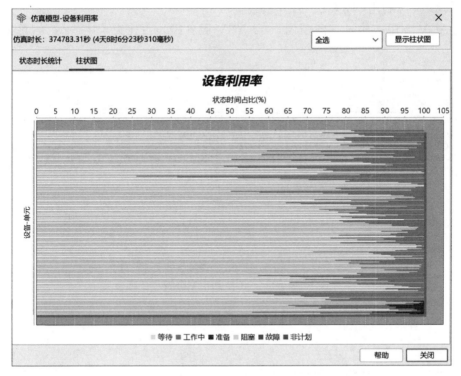

图 5-13　设备利用率

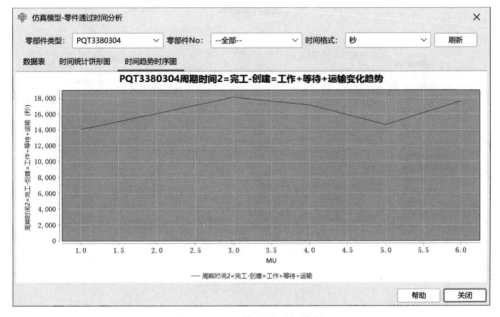

图 5-14　工件通过时间分析

(3) 资源利用率分析。

AGV 利用率如图 5-15 所示,4 台 AGV 服务时长占比为 47%~74%,总体不算高。

AGV编号	类型	运行速度(m/s)	服务时长及比例(%)	等待时长及比例(%)	总搬运次数	总行驶距离(m)
AGV1	AGV	1.00	3:4:58:59.150(73.947%)	1:3:7:24.160(26.053%)	3548	276997.23
AGV2	AGV	1.00	2:19:26:17.520(64.778...	1:12:40:5.790(35.222%)	3067	242654.84
AGV3	AGV	1.00	2:9:53:45.250(55.612%)	1:22:12:38.060(44.388%)	2622	208320.37
AGV4	AGV	1.00	2:1:11:39.820(47.254%)	2:6:54:43.490(52.746%)	2211	177011.38

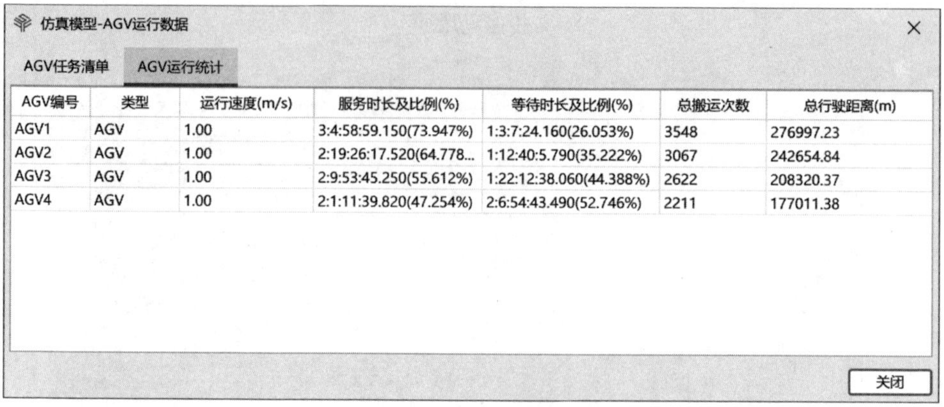

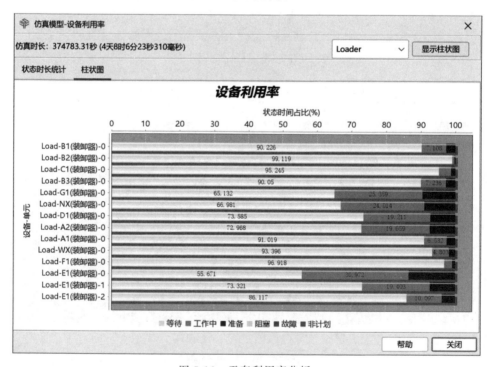

图 5-15 AGV 利用率分析

14 台天车的利用率图 5-16 所示,也不太高。

图 5-16 天车利用率分析

(4) 投产计划优化。

该车间计划生产 6 组工件,每组 51 类,合计 306 个工件,利用遗传算法结合仿真，得到最短完工周期为 4 天 8 时 6 分，最优投产计划如图 5-17 所示。

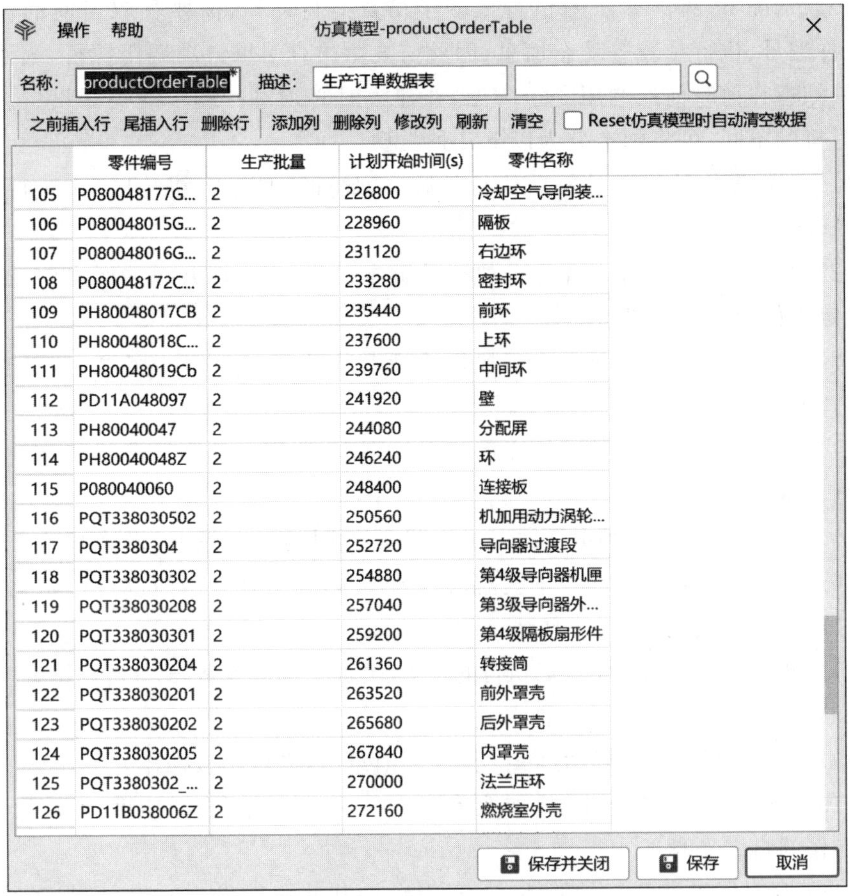

	零件编号	生产批量	计划开始时间(s)	零件名称
105	P080048177G...	2	226800	冷却空气导向装...
106	P080048015G...	2	228960	隔板
107	P080048016G...	2	231120	右边环
108	P080048172C...	2	233280	密封环
109	PH80048017CB	2	235440	前环
110	PH80048018C...	2	237600	上环
111	PH80048019Cb	2	239760	中间环
112	PD11A048097	2	241920	壁
113	PH80040047	2	244080	分配屏
114	PH80040048Z	2	246240	环
115	P080040060	2	248400	连接板
116	PQT338030502	2	250560	机加用动力涡轮...
117	PQT3380304	2	252720	导向器过渡段
118	PQT338030302	2	254880	第4级导向器机匣
119	PQT338030208	2	257040	第3级导向器外...
120	PQT338030301	2	259200	第4级隔板扇形件
121	PQT338030204	2	261360	转接筒
122	PQT338030201	2	263520	前外罩壳
123	PQT338030202	2	265680	后外罩壳
124	PQT338030205	2	267840	内罩壳
125	PQT3380302_...	2	270000	法兰压环
126	PD11B038006Z	2	272160	燃烧室外壳

图 5-17　最优投产计划

5.3　脚本编程

为了实现对生产系统仿真过程的灵活控制，从而支持较为复杂的过程模拟和数据操作，在仿真建模时一般需要自定义脚本。每种仿真软件都有自己的脚本语言规范和脚本编辑器，比如西门子 PlantSimulation 软件就内置了 Simtalk 语言，该语言是一种专用语言，与仿真软件结合紧密，但功能有限。

FS 中的脚本方法称为 ControlMethod，或 Method，它直接用 Java 语言实现，功能强大而灵活，除了提供针对仿真模型对象的基本操控功能外，还可以调用各种 Java 类库（包括 JDK 自带类库和外部类库）中的方法，这样大大方便了数据分析算法的实现。在 FS 的运行环境中，封装实现了 Method 的编辑、解释、编译、运行全过程,无须在外部进行 Java 程序编译。

　　一般情况下,脚本方法的执行依赖于仿真运行环境,需要获取当前的仿真模型、工件编号、执行位置等动态信息,因此需要由仿真引擎自动调用执行,为了让仿真引擎知道在何时何地调用哪个脚本,在建模时必须进行脚本的关联设置。根据执行时机的不同,可将脚本分为以下几种类型:

　　(1)工件进入某物流对象后执行的脚本,比如工件进入缓冲区后,执行脚本,呼叫 AGV。

　　(2)工件离开某物流对象之前执行的脚本,比如工件离开缓冲区之前,执行脚本,确定工件的下一位置。

　　(3)工件离开某物流对象之后执行的脚本,比如工件离开设备之后,更改设备状态为"等待"。

　　(4)工件到达传送线某工位之后执行的脚本,比如工件到达该工位,由机械手上载到设备上加工。

　　(5)定时触发执行的脚本,比如 8h 后,设备停机检修;每隔 1h,投放 10 个工件等。

　　(6)仿真开始前/结束前/重置前执行的脚本,如仿真开始前进行初始化操作、仿真结束前进行收尾操作、仿真结束前进行 Reset 操作等。

　　(7)故障发生后、维修结束后执行的脚本,比如,一旦发生故障,就呼叫维修工人。

　　(8)工件创建之后执行的脚本。

　　(9)Socket 的回调方法,Socket 接收到消息后,进行响应操作。

　　(10)与算法相关的脚本,比如遗传算法中,种群初始化、适应度计算、交叉、变异等操作的自定义脚本。

　　(11)观察器触发执行的脚本,一旦对象的某些属性发生改变,则自动执行该脚本。

　　(12)对象接到其他对象发送的消息后执行的脚本。

　　(13)对象状态改变之后执行的脚本。

　　图 5-6 给出了一个脚本方法的例子。

5.4　生产系统建模与仿真示例

本节通过两个综合示例来介绍基于 FS 的生产系统建模与仿真的具体过程。

5.4.1　装配生产单元仿真示例

1. 生产流程描述

某车间的装配单元混流生产"产品 1"和"产品 2"两种类型产品,它们的 BOM

结构如图 5-18 所示。其中,产品 1 由 1 个"产品 1 主件"、1 个"大部件"、2 个 A1、2 个 B1、2 个 C1 构成,产品 2 由 1 个"产品 2 主件"、1 个"大部件"、3 个 A2、3 个 B2、3 个 C2 构成。

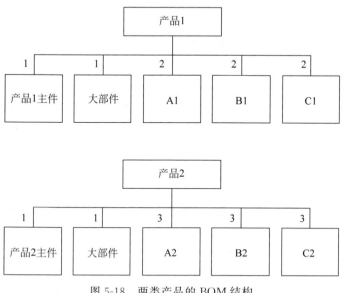

图 5-18　两类产品的 BOM 结构

　　两类产品的生产流程如图 5-19 所示。以产品 1 为例,首先在"入口"处投放"产品 1 主件"毛坯,它在"预加工设备"上加工后,通过传送线 L002 运输到"装配前缓冲区",同时"大部件"从"大件仓库"出库,通过传送线 L001 运输到"装配前缓冲区",A1、B1、C1 等小零件也从"小件仓库"出库,通过 AGV 运输到"装配前缓冲区",所有工件在"装配前缓冲区"汇合后,进行齐套性检查,如果齐套,则在"装配工作站"进行装配操作,生成"产品 1",进入"出口"。

　　加工和装配操作的时间数据见表 5-9。

表 5-9　加工和装配时长

	预加工时长		装配时长
产品 1 主件	3:0	产品 1	6:0
产品 2 主件	5:0	产品 2	8:0

2. 仿真建模

基于 FS 平台建立仿真模型,如图 5-20 所示。

具体建模步骤如下:

步骤 1　创建 9 个模型对象,按生产流程进行连线,见表 5-10。

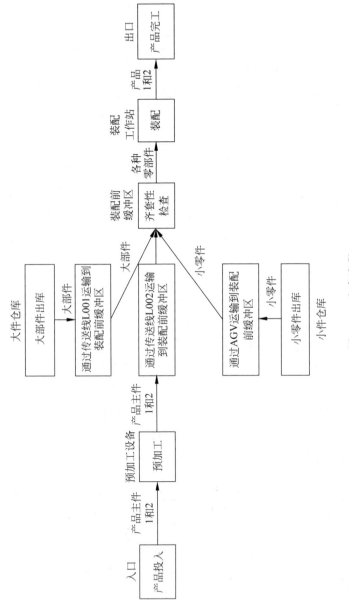

图 5-19　生产流程

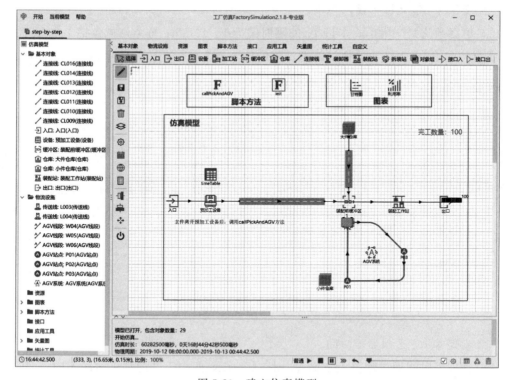

图 5-20　建立仿真模型

表 5-10　建模对象表

对象类型	FS 对象类型	说　　明
入口	入口	产品主件的投放地方,后继为"预加工设备"
预加工设备	设备	主件预加工操作名,后继为"L002"
大件仓库	仓库	存储大部件,后继为"L001"
小件仓库	仓库	存储小零件,出库后通过 AGV 运输
装配前缓冲区	缓冲区	后继为"装配工作站"
L001	传送线	运输大件到"装配前缓冲区"
L002	传送线	预加工后,运输产品主件到"装配前缓冲区"
装配工作站	装配站	装配发生场所,后继为"出口"
出口	出口	完工产品的汇集地

步骤 2　创建 AGV 物流系统,实现将小零件从"小件仓库"运输到"装配前缓冲区"。

首先创建 3 个 AGV 站点(P01、P02 和 P03)和 3 条 AGV 线段(P01→P02、P02→P03、P03→P01),其中 P01 是小件仓库的物料出口,在 P02 站点将工件放入"装配前缓冲区";随后创建"AGV 系统"对象,自动产生 AGV 站点之间的最短路径,创建 1 台 AGV,初始位于 P03 站点,AGV 的运输速度为 0.5m/s。

步骤 3 定义订单投入规则。

仿真系统共产生 100 个订单,间隔时间为 1~10min;每个订单包括 1 个"产品 1 主件"或 1 个"产品 2 主件",两类订单的比例为 7:3,如图 5-21 所示。

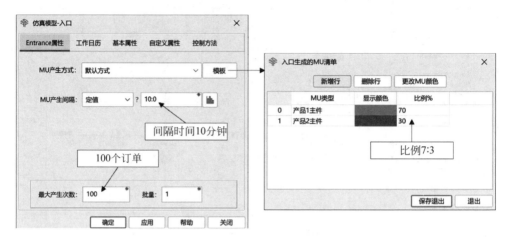

图 5-21 订单投入规则

步骤 4 定义预加工时间。

预加工时间通过数据表定义,如图 5-22 所示,两类工件的加工时间不同。

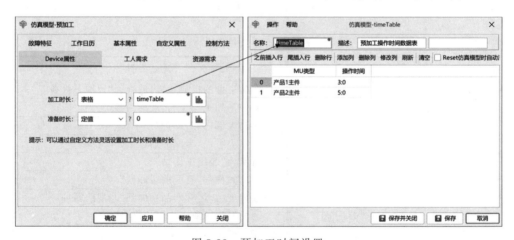

图 5-22 预加工时间设置

步骤 5 定义装配工作站属性:BOM 和装配时间,如图 5-23 所示。

步骤 6 定义物料出库与 AGV 呼叫方法。

主件在预加工设备上加工完毕后,进入传送线,同时调用 callPickAndAGV 方法,执行如下操作:①小件出库;②呼叫 AGV,运输小件;③大部件出库,进入传送线。callPickAndAGV 方法的定义如图 5-24 所示。

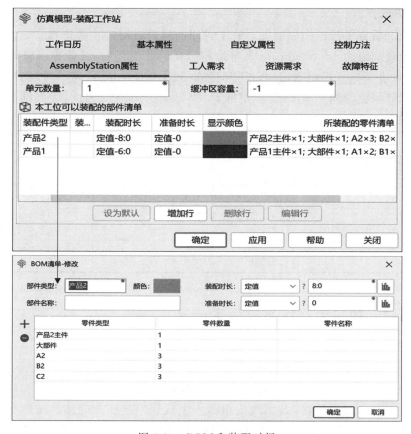

图 5-23　BOM 和装配时间

图 5-24　物料出库与 AGV 呼叫方法

3. 仿真分析

下面分析订单投产间隔时间对完工时间的影响,设计 10 次仿真实验:分别设置订单投放间隔为 1～10min,每次实验各仿真运行 100 次,统计完工时间的平均值,结果见表 5-11。可以看出,当投产间隔时间大于 7min 后,完工时间明显增加,考虑到投产间隔时间尽量要长些(意味着在制品积压较少),因此,可以设置最佳投产间隔时间为 7min。

表 5-11 仿真结果表

订单投产间隔时间/min	100 个订单完工时间的平均值	订单投产间隔时间/min	100 个订单完工时间的平均值
1	11:04:59	6	11:07:11
2	11:04:48	7	11:46:37
3	11:07:06	8	13:24:12
4	11:05:20	9	15:03:02
5	11:04:58	10	16:41:59

productionLine

5.4.2 加工生产线系统仿真示例

1. 生产流程描述

某全自动化加工生产线系统生产一种工件,该工件的生产流程如图 5-25 所示。首先,根据定时配送指令,通过 AGV 系统将存放在立体仓库中的工件毛坯件运输到生产线入口缓冲区,并由线头机器人上载到生产线。毛坯件随即在生产线上流转,经过三道工序加工后变为成品件。其中:工序 1 在设备 M001、M002 和 M003 中任一台上完成,加工时长 45s;工序 2 在设备 M004、M005 和 M006 中任一台上完成,加工时长 55s;工序 3 在设备 M007、M008、M009 和 M010 中任一台上完成,加工时长 1min15s。如果三道工序全部完成,该成品工件由线尾机器人下载到生产线出口缓冲区,并由 AGV 系统运回立体仓库,如果工件未加工完成,则再次上载到生产线上并进行新一轮流转,直到所有工序加工完毕。

2. 仿真建模

基于 FS 建立仿真模型,如图 5-26 所示。该生产线采用 U 形布局,总长 54m,运转速度 0.5m/s。在生产线上布置了 10 个工位点,每个工位对应一个顶升装置(B001～B010)和一台加工设备(M001～M010),如果顶升装置中有工件,该工位就不能再接纳工件。一旦某设备空闲,并且顶升装置中有工件在等待,则呼叫对应的 RGV,如果 RGV 空闲,则移动机器人将顶升装置中的工件移至设备上加工。系统配备了 3 台 RGV,其中 RGV1 为 M001、M002、M009、M010 这 4 台相邻设备服务,RGV2 为 M003、M004、M007、M008 这 4 台相邻设备服务,RGV3 为 M005 和 M006 这 2 台相邻设备服务,3 台 RGV 轨道长度分别为 7m、5.8m 和 3.2m,机器人的移动速度为 1m/s,上下料的时间均为 2s。

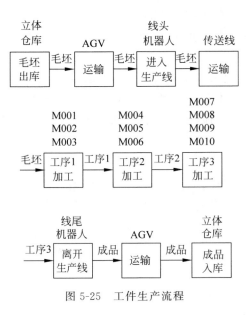

图 5-25　工件生产流程

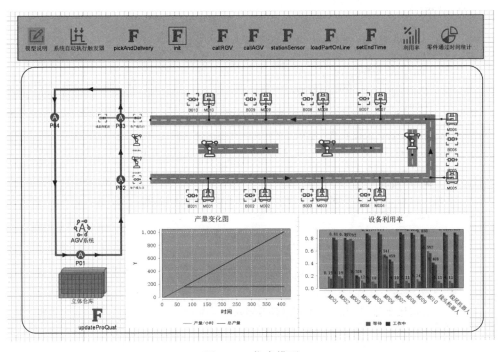

图 5-26　仿真模型

在图 5-26 中,模型区左边是立体仓库和 AGV 系统,AGV 系统用于毛坯件和成品件运输。其中,毛坯件从 P01 站点(立体仓库的出入库位置)运送到 P02 站点(生产线入口缓存处),成品件从 P03 站点(成品待配送缓存处)运送到 P01 站点,

AGV 路径一周总长 40.45m，AGV 的承载量是 10，即每台 AGV 一次运输 10 个毛坯或成品件，AGV 的运输速度为 0.5m/s，AGV 的数量为 2 台，AGV 上下料时间均为 15s。

仿真建模时，需要定义两个重要的脚本方法：

（1）仿真运行中，工件在生产线上流转，到达每一个工位点时要进行判断，决定是否将工件移至该工位顶升装置内，该判断逻辑通过如下的 stationSensor 脚本方法来实现：

```
boolean flag = false;
if(MUType.equals("毛坯")) {                      //毛坯件
  if(station.no.equals("1") && %{B001}%.allowEntrance(@)) {
    @.move("B001");
    flag = true;
  } else if(station.no.equals("2") && %{B002}%.allowEntrance(@)) {
    @.move("B002");
    flag = true;
  } else if(station.no.equals("3") && %{B003}%.allowEntrance(@)) {
    @.move("B003");
    flag = true;
  }
  //工件已送至到 B001 或 B002 或 B003,则开始工序 1
  if(flag) {
    @.MUType = "工序 1";
    @.MUColor = Color.yellow;
    return;
  }
} else if(MUType.equals("工序 1")) {         //工序 1
  if(station.no.equals("4") && %{B004}%.allowEntrance(@)) {
    @.move("B004");
    flag = true;
  } else if(station.no.equals("5") && %{B005}%.allowEntrance(@)) {
    @.move("B005");
    flag = true;
  } else if(station.no.equals("6") && %{B006}%.allowEntrance(@)) {
    @.move("B006");
    flag = true;
  }
  //工件已送至到 B004 或 B005 或 B006,则开始工序 2
  if(flag) {
    @.MUType = "工序 2";
    @.MUColor = Color.blue;
    return;
  }
} else if(MUType.equals("工序 2")) {         //工序 2
  if(station.no.equals("7") && %{B007}%.allowEntrance(@)) {
    @.move("B007");
```

```
    flag = true;
  } else if(station.no.equals("8") && %{B008}%.allowEntrance(@)) {
    @.move("B008");
    flag = true;
  } else if(station.no.equals("9") && %{B009}%.allowEntrance(@)) {
    @.move("B009");
    flag = true;
  } else if(station.no.equals("10") && %{B010}%.allowEntrance(@)) {
    @.move("B010");
    flag = true;
  }
  //工件已送到到 B007 或 B008 或 B009 或 B010,则加工成成品
  if(flag) {
    @.MUType = "成品";
    @.MUColor = Color.green;
    return;
  }
}
//已到达线尾,如果是成品,则运送到生产线出口,否则送到生产线入口,继续加工
if(station.getNo().equals("999")) {
  if(@.MUType.equals("成品"))
      %{线尾机器人}%.call("生产线", "生产线出口", @);
  else
      %{线尾机器人}%.call("生产线", "生产线入口", @);
}
```

（2）为了实现定时将毛坯件从立体仓库出库并通过 AGV 配送到生产线入口，定义触发器及定时触发方法。触发器如图 5-27 所示，从 0 时刻开始，每隔 4min 触发一次，共触发 100 次，每次自动执行 pick 方法。

pick 方法的内容如下：

```
//从立体仓库分拣出 10 个毛坯件
List<MU> muList = %{立体仓库}%.pick("毛坯|10", 0);

//呼叫 AGV,将毛坯件从立库运输到生产线入口,一次运输 10 个,上载时间和卸载时间均
为 15 秒
%{AGV 系统}%.call("P01", "P02", "立体仓库", "生产线入口", muList, null, 15 *
1000, 15 * 1000);
```

3. 仿真分析

首先分析生产线的产能和瓶颈。假定每 4min 从立体仓库向生产线配送一个批次毛坯件（10 个），共配送 100 次，合计生产 1000 个工件，通过仿真来观察生产线单位时间的产量变化。

图 5-28 显示了产量随时间变化的曲线，可以看出，总产量随时间线性递增，每

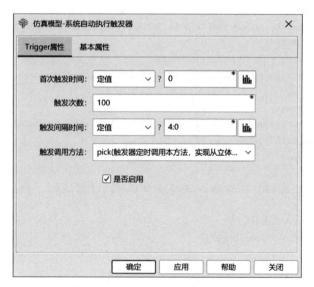

图 5-27　用于毛坯投入的定时触发器

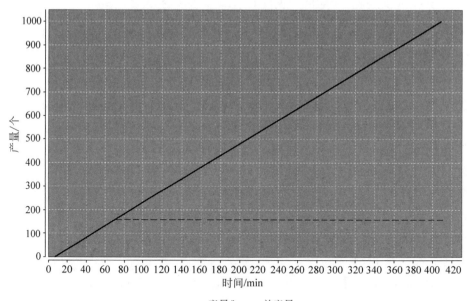

—产量/h；－－总产量

图 5-28　产量变化图

小时产量则逐渐趋于稳定，稳定在 155～160 个/h。设备利用率如图 5-29 所示，可以看出线头和线尾机器人的工作时长占比均为 81.42%，比较高，而三道加工工序各有一台加工设备（M003、M006 和 M010）利用率不高，这说明加工设备的能力富裕，机器人可能是瓶颈。

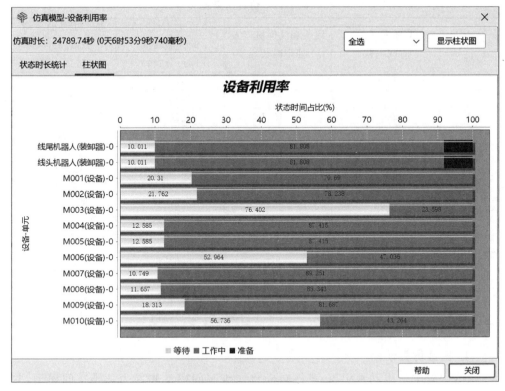

图 5-29　设备利用率

根据定性分析：一方面，缩短配送周期，同时提升线头和线尾机器人的处理速度，应该有助于提升产能；另一方面，如果配送周期过短，由于生产线处理速度有限，可能造成毛坯件在生产线入口处积压，或者在生产线上反复流转，导致工件通过时长变长、在制品增多。因此，可能存在最佳的配送周期，为了验证这一点，设计如下仿真实验：

（1）毛坯配送的时间间隔共有 7 个水平值，即 1:30，2:00，2:30，3:00，3:30，4:00，4:30。

（2）线头/线尾机器人处理时长共有 2 个水平值，即 15s 和 20s。

（3）实验的输出参数为 1000 个工件加工的完成时间、每个工件的平均通过时间。

采用全因子实验，共实验 14 次，实验结果见表 5-12。可以看出，配送间隔时间加长，加工完成时间基本呈增长趋势，但平均通过时间呈下降趋势。实验 5 和实验 12 的综合效果是不错的，因此，设定配送时间为 3:30 比较合适，机器人处理时长从 15s 变化到 20s，对两个输出参数的影响不大。

表 5-12　仿真结果表

实验次数	毛坯配送的时间间隔	线头和线尾机器人处理时长/s	1000 个工件加工的完成时间（时：分：秒）	每个工件的平均通过时间（时：分：秒）
1	1：30	15	6：3：29	1：52：53
2	2：00	15	6：8：56	1：32：2
3	2：30	15	6：10：33	1：7：46
4	3：00	15	6：8：19	42：25
5	3：30	15	6：17：55	23：37
6	4：00	15	6：50：43	14：16
7	4：30	15	7：38：26	12：48
8	1：30	20	6：28：8	2：4：56
9	2：00	20	6：27：25	1：41：10
10	2：30	20	6：31：25	1：17：19
11	3：00	20	6：31：7	51：10
12	3：30	20	6：24：8	25：53
13	4：00	20	6：51：1	14：54
14	4：30	20	7：40：24	14：46

4. 三维仿真动画

　　FS 内置了三维动画引擎，可以自动将二维车间模型转换为三维空间模型，并通过三维动画显示仿真过程，如图 5-30 所示。

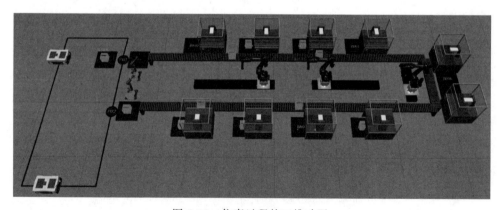

图 5-30　仿真过程的三维动画

参 考 文 献

[1]　齐二石.生产与运作管理教程[M].北京：清华大学出版社,2006.

[2]　朱海平.数字化与智能化车间[M].北京：清华大学出版社,2021.

[3]　黄培,许之颖,张荷芳.智能制造实践[M].北京：清华大学出版社,2021.

[4]　班克斯,卡森二世,尼尔森,等.离散事件系统仿真[M].5 版.王谦,译.北京：机械工业出版社,2019.

[5]　肖田元,范文慧.离散事件系统建模与仿真[M].北京：电子工业出版社,2011.

[6]　邱国斌.生产系统建模与仿真[M].北京：北京邮电大学出版社,2021.

[7]　李培根.制造系统性能分析建模理论与方法[M].武汉：华中理工大学出版社,1998.

[8]　苏春.制造系统建模与仿真[M].北京：机械工业出版社,2018.

名词缩略语中英文对照

Advanced Planning and Scheduling（APS）高级计划与调度

Analysis of Variance（ANOVA）方差分析

Artificial Bee Colony Algorithm（ABC）人工蜂群算法

Automated Guided Vehicle（AGV）自动导引小车

Bill Of Material（BOM）物料清单

Computer Aided Engineering（CAE）计算机辅助工程

Current events list（CEL）当前事件表

Design Of Experiment（DOE）实验设计

Digital Twin（DT）数字孪生

Discrete Event System（DES）离散事件系统

Discrete Event Dynamic System（DEDS）离散事件动态系统

Discrete Event System Simulation（DESS）离散事件系统仿真

Future events list（FEL）将来事件表

Genetic Algorithm（GA）遗传算法

Machine Learning（ML）机器学习

Mean Time Between Failure（MTBF）平均故障间隔时间

Mean Time to Repair（MTTR）平均修复时间

Mixed Integer Programming（MIP）混合整数规划

Neural Network（NN）神经网络

Non-dominated Sorting Genetic Algorithm Ⅱ（NSGA-Ⅱ）带精英策略的非支配排序的遗传算法

Object-Oriented（O-O）面向对象

Operations Research（OR）运筹学

Overall Equipment Effectiveness（OEE）设备综合效率

Partial Mapped Crossover（PMX）部分映射交叉

Particle Swarm Optimization（PSO）粒子群算法

Production System Simulation（PSS）生产系统仿真

Quadratic Assignment Problem（QAP）二次分配问题

Rail Guided Vehicle（RGV）有轨导引小车

Simulated annealing（SA）模拟退火算法

Tabu Search（TS）禁忌搜索算法

Theory of Constraints（TOC）约束理论

Work in Process（WIP）在制品

Virtual Reality（VR）虚拟现实